河南省社科联、河南省经团联调研课题"《乡村教师支持计划》背景下教师继续教育的困境与出路"（SKL-2018-1963）、河南省教育科学"十三五"规划一般课题"高校生态文明教育评价研究"（2018-JKGHYB-0269）的阶段性成果。

新乡学院博士科研项目启动经费（1366020034）资助。

高等职业教育
学生学习质量评估研究

杨彩菊 杜昌建◎著

中国社会科学出版社

图书在版编目（CIP）数据

高等职业教育学生学习质量评估研究 / 杨彩菊，杜昌建著.—北京：中国社会科学出版社，2018.8

ISBN 978-7-5203-3141-8

Ⅰ.①高… Ⅱ.①杨…②杜… Ⅲ.①高等职业教育—教学质量—教育评估 Ⅳ.①G718.5

中国版本图书馆 CIP 数据核字（2018）第 209638 号

出 版 人	赵剑英
责任编辑	张　林
特约编辑	王　萌
责任校对	夏慧萍
责任印制	戴　宽

出　　版	中国社会科学出版社
社　　址	北京鼓楼西大街甲 158 号
邮　　编	100720
网　　址	http://www.csspw.cn
发 行 部	010-84083685
门 市 部	010-84029450
经　　销	新华书店及其他书店
印　　刷	北京明恒达印务有限公司
装　　订	廊坊市广阳区广增装订厂
版　　次	2018 年 8 月第 1 版
印　　次	2018 年 8 月第 1 次印刷
开　　本	710×1000　1/16
印　　张	13.5
插　　页	2
字　　数	171 千字
定　　价	58.00 元

凡购买中国社会科学出版社图书，如有质量问题请与本社营销中心联系调换
电话：010-84083683
版权所有　侵权必究

目　　录

第一章　绪论 ………………………………………………………（1）
　第一节　研究问题的提出 ……………………………………（1）
　　一　研究缘起 ………………………………………………（1）
　　二　研究问题 ………………………………………………（5）
　第二节　研究现状综述 ………………………………………（7）
　　一　相关研究概念辨析 ……………………………………（7）
　　二　国外相关研究综述 ……………………………………（8）
　　三　国内相关研究综述 ……………………………………（21）
　第三节　研究意义 ……………………………………………（28）
　　一　理论意义 ………………………………………………（28）
　　二　实践意义 ………………………………………………（29）
　第四节　研究设计 ……………………………………………（30）
　　一　研究方法 ………………………………………………（30）
　　二　研究思路 ………………………………………………（30）
　　三　研究内容 ………………………………………………（32）
　　四　拟创新点 ………………………………………………（36）

第二章　高等职业教育学生学习质量评估研究视角 …………（39）

第一节　建构主义视角 (39)
一　建构主义的基本思想 (39)
二　建构主义视角有利于开展高职学生学习质量评估研究 (40)

第二节　个体—环境互动视角 (45)
一　个体—环境互动的基本思想 (45)
二　个体—环境互动视角有助于透视高职学生学习过程及其质量影响因素 (47)

第三节　全面质量管理视角 (49)
一　全面质量管理的基本思想 (49)
二　全面质量管理视角有益于高职学生学习质量评估实现 (50)

第三章　高等职业教育学生学习质量解析 (57)

第一节　高职学生学习质量 (57)
一　学生学习质量及其特性 (58)
二　高职学生学习质量及其特性 (63)

第二节　高职学生学习质量生成过程 (67)
一　高职学生学习活动的构成 (68)
二　高职学生学习质量生成过程分析 (71)

第三节　基于学习活动的高职学生学习质量影响因素分析 (75)
一　高职学生学习质量的内部影响因素 (75)
二　高职学生学习质量的外部影响因素 (83)

第四节　高职学生学习质量表达 (91)
一　高职学生学习质量的实证性表达方式 (92)
二　高职学生学习质量的适用性表达方式 (93)

  三　高职学生学习质量的满意性表达方式……………(94)

第四章　高等职业教育学生学习质量评估理论阐释…………(97)
 第一节　高职学生学习质量评估的典型模式………………(97)
  一　教育评估思想发展……………………………………(98)
  二　目标评估模式………………………………………(100)
  三　CIPP 评估模式………………………………………(101)
  四　解释性评估模式……………………………………(103)
  五　三种典型评估模式在高职学生学习质量
    评估中的作用……………………………………(104)
 第二节　高职学生学习质量评估要义………………………(105)
  一　高职学生学习质量评估的含义……………………(105)
  二　高职学生学习质量评估目的………………………(108)
  三　高职学生学习质量评估意义………………………(109)
  四　高职学生学习质量评估理念………………………(111)
 第三节　高职学生学习质量评估的对象……………………(111)
  一　高职学生学习成果…………………………………(112)
  二　高职学生学习过程…………………………………(119)
 第四节　高职学生学习质量评估的主体……………………(123)
  一　教师…………………………………………………(124)
  二　学生…………………………………………………(126)
  三　学校…………………………………………………(127)
  四　行业和企业…………………………………………(128)
 第五节　高职学生学习质量评估的功能……………………(131)
 第六节　高职学生学习质量评估伦理………………………(134)
  一　评估伦理的发展脉络………………………………(134)
  二　高职学生学习质量评估伦理的内涵………………(135)

三　高职学生学习质量评估伦理的向度……………………（136）
　　四　高职学生学习质量评估伦理的基本原则……………（139）

第五章　高等职业教育学生学习质量评估的实现……………（145）
第一节　高职学生学习质量评估遵循的基本原则…………（145）
第二节　高职学生学习质量评估方法………………………（148）
　　一　定量评估方法……………………………………………（148）
　　二　定性评估方法……………………………………………（149）
　　三　定性定量相结合是最佳的评估方法……………………（150）
第三节　高职学生学习质量评估的层面及其内容…………（151）
　　一　高职学校层面的学生学习质量评估及其内容…………（151）
　　二　高职专业层面的学生学习质量评估及其内容…………（153）
　　三　高职课程层面的学生学习质量评估及其内容…………（155）
　　四　三种评估之间的关系……………………………………（156）
第四节　高职学生学习质量评估实现程序…………………（157）
　　一　高职学生学习目标的制订………………………………（158）
　　二　高职学生学习质量证据的测量与收集…………………（163）
　　三　高职学生学习质量证据的分析…………………………（170）
　　四　高职学生学习质量评估结论的解释和运用……………（172）
　　五　高职学生学习质量评估实现设想………………………（173）
第五节　高职学生学习质量评估的运行机制………………（174）
　　一　高职学生学习质量评估运行机制的基本构成…………（175）
　　二　高职学生学习质量评估运行机制及其内容……………（176）

第六章　研究总结与展望………………………………………（183）
第一节　研究总结……………………………………………（183）
　　一　高职学生学习质量的内涵及其特征……………………（184）

二　高职学生学习质量生成过程分析……………………（185）
　　三　高职学生学习质量评估理论的释义与实现…………（186）
　第二节　研究展望…………………………………………（189）
　　一　进一步关注和挖掘高职学生学习特点
　　　　及其质量特征………………………………………（189）
　　二　进一步检验和修正高职学生学习质量
　　　　评估的实现…………………………………………（189）

参考文献……………………………………………………（191）

后记…………………………………………………………（209）

第一章

绪 论

第一节 研究问题的提出

一 研究缘起

(一) 高等职业教育质量已经成为国家教育改革的重点

教育与百姓民生密切相关。联合国推出的《人类发展报告》中用"人类发展指数"(Human Development Index,HDI)表明一个国家的社会综合发展水平,2013 年,我国在世界 187 个国家的 HDI 排名中位列第 101 位,而从国家经济实力看,目前我国已居全球第二,这表明,我国"国已富"但"民未富",经济发展与民生改善失衡。教育作为改善民生与提高人们幸福指数的重要途径之一,教育质量是实现人全面发展程度的保障。换句话说,教育质量与人们的幸福指数相关,教育质量水平的提高可以为社会和人们带来更多的幸福感。

随着社会发展的需要,我国高等教育发展的重点从"数量与规模的扩张"开始向"质量建设"转移,发展方向从追求"规模与外延"转向探索"质量与内涵"。《国家中长期教育改革和发展规划纲要(2010—2020 年)》指出:要把提高质量作为重点,建立健全职业教育质量保障体系。高等职业教育是高等教育的重要组成部分，以培养生产、建设、管理、服务一线的高素质技能型人才为主要目标，其质量高低会直接影响到高等教育的整体质量，间接影响我国经济发展的速度和质量。可见，如何促进和保障高等职业教育质量已经成为国家教育改革的重点。

（二）学生学习质量是高等职业教育质量的直接体现

与普通高等院校相比，高等职业院校招录的学生多数知识基础起点低，学习主动性不高，学校在社会上的声誉不高，不受家长和学生的欢迎，即使是与高等职业教育联系紧密的企业也对其抱有轻视态度。而这一切虽然与社会和公众对职业教育抱有一定的偏见有关，但是目前高等职业教育不能很好地满足社会和公众的需要也是其招来非议的主要原因。与其强制扭转社会和公众的观念，不如从自身做起——提高教育质量，用事实来证明高等职业教育同样可以促进学生全面健康的发展，能够使学生实现自己的理想和抱负，能够为社会经济发展做出贡献，让社会和公众认识到高等职业教育是所有教育中不可或缺的一部分。

教育是一种培养人的活动，促进学生学习与发展是其根本鹄的。可见，学生是教育的根本，是教育质量体现的载体，学生学习质量是教育质量的直接体现。但是在国内外的高等教育质量保障研究中，最初并不是以学生学习为着眼点的。在20世纪80年代后期，美国高等教育质量建设从关注"学校教育投入和教育实施"开始转向关注"教育工作完成结果的情况"，尤其是对学生学习结果的关注成为重中之重。我国高等教育领域的质量建设趋势与此类同，陆续实施了教学评估和质量工程等重大举措，这些措施和研究皆在特定时期不同程度地促进了教育质量的提高，这些质量建设措施多是从"教"的角度进行，忽略了教育主体，也就是学生的需求，未体现出学生学习质量的价值取向。强调学生学习质量并不是对资源投入评估的否认，而是使教育者重视学生的学习。在学习活动中,"学"不是"教"的自然结果,而是学生能动地对教师传授的信息进行选择、吸收与内化的结果,"教"只是学生学习的条件,是为学生学习服务的。学生是学习的主体,是教育教学质量的最终决定者和体现者[①]。学生学习质量是教育质量的核心,所以提高高等职业教育质量就应该直接从关注学生学习质量做起。

(三) 学生学习质量成为学校应对外界问责的重要证据

随着高等教育大众化的发展,高等教育利益群体及其需求日益多元化,问责的思想在高等教育领域中逐渐兴起。"问责总是处于两个以上的个人和团体之间,一方是责任的寻求者,有获得说明和实施奖惩的权力;另一方是问责的对象,有责任就相关情况做出说明和解释。"[②] 国家作为高等教育的主要出资者,势必要过问资金的流动情况和资金投入产出的效益,质询学校是否能培养出训练有素的劳动力。高等教育作为一种公共事业,社会团体和公众作为纳税者,必定要对税收资金的利用情况有所了解;企事业单位作为接纳高校毕业生的主要机构,也会将学生的实际能力与社会期待的标准进行对比从而对高等教育质量做出评价,家长和学生作为培养成本的部分承担者,消费者的意识越来越强,必定会将投入(包括时间、金钱和精力投入等)与毕业后的收益作比较从而做出是否接受高等教育的选择。这一切都需要高等教育学校必须做出回应,否则将会失去资金支持,失去生源。

学生作为高等教育质量表现的重要载体,其学习质量成了高校应对外界问责的证据。美国教育部发布的《高等教育行动计划》提出要采取一些引人注目的方式来提升高等教育,要把高等教育系统

---

① 刘小强、蒋喜锋:《学生学习视野中的高校教学质量建设研究》,《教育研究》2012 年第 7 期。

② 王淑娟:《美国公立院校的州问责制》,知识产权出版社 2010 年版,第 32 页。

从以学校声誉为本转向以学生学习为本,鼓励政府部门和评价机构收集并报告大学生学习的相关数据,并将这些数据公布于众,以作为决策者进行决策和学生选择学校的依据。某种程度而言,高等职业教育是社会公共服务体系的一部分,其费用多来自纳税者的钱和学生的学费,其质量受到社会和广大纳税人的关注和质询也是理所当然的事情。高等职业院校和普通高校一样,必须向社会和公众提供其教育质量的直接证据,即学生学习质量。

(四)高等教育质量评价的重点转向学生学习质量

由于历史原因,与普通高等教育相比,我国职业教育发展相对缓慢和不成熟。职业教育质量问题得到重视相对较晚,其评价理论的研究与实践目前依然处于起步探索阶段。但高等职业院校通过已有的评估活动,也取得了很大的进步,尤其是在学校规范办学和管理方面。高等职业教育质量研究以往多是从教育投入和教育过程,比如物质、师资等方面阐述和论证,评价指标体系绝大部分是围绕办学状况和教师表现展开的,如办学指导思想、师资队伍、教学条件、专业建设、科研成果、教学管理等,只有极少数指标是针对学生学习提出的,不能有力地证明一个学生从进入学校起直到离开学校的这段时间内,他(或她)发生了什么变化。因此,大多数高等院校所实施的是一种以资源投入为主的评价范式,对真正体现教育质量的核心要素却缺乏分析,况且学校经济条件和学生学习产出之间的关系也不确定。已有的教育评估和提高质量举措虽有成效,但并未触及教育的根本——学生的发展变化。在已有的高等职业教育评估中,从理念到方法都未能体现学生的主体地位,未能显示学生学习的成效,未能重视学生成长发展的过程等问题。就如张晓鹏所言:"在一次调研过程中,有38.78%的被调查者认为上一轮评估工作没有体现以学生为本的理念，对学生学习质量的考察不够深入。"① 可见，学生学习及其经验将成为我国高等教育评估实践予以关注的重点。

二 研究问题

从国内外高等教育质量研究主题可以看出，学生学习质量已经引起研究者的关注并成了热点问题。国外的研究涉及各种高等教育类型，如研究型大学、文理学院和社区学院等，其中社区学院与我国高等职业教育某些方面存在相似。国内的研究多数是以普通高校学生为主，即使涉及高等职业院校，也并没有将其单独列出进行研究，这与高等职业教育已经占据高等教育半壁江山的现状极不相称。可见，高等职业教育学生学习质量的研究很少且不系统。

基于此，笔者还依托教育部 2011 年度哲学社会科学研究重大课题攻关项目《职业教育质量评价体系研究》，选择其子课题"高等职业教育学生学习质量评估研究"作为研究内容。书中的高等职业教育学生仅限于专科层次的高等职业教育在校学生，为了行文方便，下文中的学生如果不做特殊说明均是指高等职业教育学生。此书涉及的学习质量仅限于学校对学生产生的影响，即在校期间的学习质量，是从狭义上对学习质量进行界定。本书在解析高等职业教育学生学习质量的基础上，结合高等职业教育特点对其质量评估理论进行解读，主要内容包括高等职业教育学生学习质量及其特征、质量生成过程及其影响因素、质量表达、高等职业教育学生学习质量评估理论、评估程序及其运行机制的构建。

为了更清晰地表述本书研究主旨，需要对"评估"与"评估

---

① 张晓鹏：《新一轮本科教学评估总体框架的若干探讨》，《中国高等教育评估》2008 年第 2 期。

研究"的关系做一简单辨析。评估是一种通过收集评估客体信息，依据评估标准做出价值判断，以便为具体问题的决策制定提供依据和参考的实践活动；评估研究则是通过观察和思考评估过程，探索和挖掘评估的内在规律，产生新的评估理论知识，为丰富评估理论和改进评估方法提供依据。此外，评估研究源于评估实践，其成果为评估提供认识论和方法论的指导，评估则为评估研究提供成果检验和应用的机会与形式。可见，评估与评估研究之间是共生关系，是实践与理论的关系。关于题目中用"评估"而不是用"评价"一词，是出于这样的考虑：评价的含义要比评估更广泛，例如，在本文中，学生学习质量评价不仅要考虑学生学习质量的情况，而且对造成质量的影响因素，如课程或教学等做出价值判断；而学生学习质量评估则侧重于考查学生学习质量取得的情况、存在的问题及寻求改进策略，而不对课程或教学做出价值判断。

科学研究问题要具有可行性，要具有一定的理论意义和实践意义。吴康宁教授曾撰文论述"好的"研究问题的标准：任何真正"好的"教育研究，都必须既是教育理论发展或教育实践改善之过程的"真实的"组成部分，也是研究者自身生命运动的"真实的"组成部分。[①] 社会经济发展需要高等职业教育又快又好地培养出大量的高素质技能型人才，高等职业教育目前的社会地位和声誉，亟待提高，这些问题与高等职业教育学生学习质量紧密相关。可见，高等职业教育学生学习质量的研究具有重要的理论意义和实践意义。笔者从事过高校教育教学工作，虽然对学生学习质量评估有一定的感性认识，但"如何有效评估学生学习质量"却是令笔者困惑的问题之一。依照吴康宁教授的标准，高等职业教育学生学习质量

---

① 吴康宁：《教育研究应研究什么样的"问题"——兼谈"真"问题的判断标准》，《教育研究》2002 年第 11 期。

评估于我而言应该是一个好的问题。问题得到解决，于高等职业教育学生学习研究而言具有理论价值，于本人而言则加深了对学生学习质量评估的认识和理解，有利于个人教师能力的成长。

第二节 研究现状综述

高等职业教育在我国教育层次中被定位为高等教育，因此与普通高等教育有相似之处，高等职业教育的学生与普通高等教育的学生一样都是大学生，所以本书研究将借鉴国内外已有关于大学生学习的研究理论和经验，结合高等职业教育的特点，构建适合高等职业教育的学生学习质量及其评估的理论和实现。为了行文的方便，在下文中出现的高等职业教育将简称"高职"。

一 相关研究概念辨析

为了更完整更精确地收集研究资料，本书先对几组相近概念进行简单释义，它们分别是学习质量、学生投入和学习成果。

学习质量是多种因素相互作用生成的，比如外部因素包括教师、课程和学校环境等，内部因素包括学生的智力、非智力、道德品质、身体和初始能力等。学习质量是指整个学习活动的质量，即指学习活动满足学生需要的程度，包括活动的内容、活动的过程、活动的方式和活动的结果等满足学生需要的程度。

学生投入是指学生投入学习活动中的时间和精力，是影响学习质量的重要因素。学生投入会受到教师、课程、学校环境和学生个体特征等因素的影响。

学习成果是指学习经历对学生的影响，即学生学习前后的行为、能力或心理倾向的变化，是学生学习活动的结果。

学习评估的对象是学习，其包括内容比较宽泛，比如学习投入、学习条件、学习过程和学习成果都属于学习评估的范围。学习质量评估与学习评估涵盖的范围基本相同，但是学习质量更倾向于关注主体的需要，即关注主体的感受。学习成果是学生学习活动的产品，可以用来作为学生学习质量水平的表征。学习投入是学习质量的重要保证，如果学生投入的时间和精力足够到位，那么学习质量就会有保证。因此，本研究将围绕着学习成果和学生投入两方面进行文献收集和分析。

二 国外相关研究综述

截至10月15日，利用Springer数据库进行文献检索和资料收集，分别以"learning quality"（学习质量）和"the quality of learning"（学习质量）为检索词搜索到教育类文献513篇，心理学类文献143篇。以EBSCOhost数据库，设置为"全选"以"learning quality"（学习质量）为检索词搜索到文献11987篇，其中包含"learning quality"（学习质量）为题名的文献1689篇，以"learning quality"（学习质量）为关键词的文献32篇，这属于比较接近研究主题的文献，主要集中在网络学习和成人学习等领域，研究问题集中在如何改善和提高学习质量。相比较国内而言，国外总体上对学习质量的关注度较高，开展研究较早。

在学习质量相关的研究中，国外高校比较关注learning outcomes（学习成果）、student engagement/involvement（学生投入）、student experience（学习经验）等问题。传统的高等教育质量评估内容集中在师资情况、教学计划、教学设施、课程设置、图书馆以及学校规章制度等方面，这些教育投入是获取高等教育质量的必要条件但不是充要条件。因此，世界各国的高等教育评估重点日渐转向了学生学习产出，比如美国中北部认证协会认证标准中直接与学生学习有关的有"学生学习和有效教学""知识的获取与运用"两个指标，占一级评估指标的 2/5，而英国高等教育质量保障署制定的新学位标准中，学生学习成效的指标竟然达到了评估内容的 50%。[1]

国外对学习质量的关注程度远远甚于国内，尤其是美国，无论在理论还是实践领域都遥遥领先。经过文献分析归类，笔者发现关于学习质量的研究主要集中在学习成果（learning outcomes，也被翻译成学习产出[2]、学习成效或学习效果[3]等）及其评估、学生投入[4]（student engagement/involvement，也被翻译成学习参与[5]、学习性投入[6]等），其中基础领域和台湾学界翻译成学习投入，学生投入的内涵与外延较"学习投入"有更全面的扩展，并不局限于课堂学习过程中的情绪与认知。还有关于学习经验（student experience，也被翻译成学习经历、就读经验等）的研究，所谓大学生就读经验，指的是学生对其自身与大学环境中的人、事、物所发生的交互作用的认识和体验。[7] 学习经验研究关心学生学习的过程，这与学生投入研究是类似的，因此将学习经验归类到学生投入。

（一）学习成果的概念研究

简单地说，学习成果是大学经历对学生的影响，或者说学生毕业时相比较入学时发生了什么变化，这种影响可以说是广泛的，有

---

[1] 周海涛：《世界高等教育质量评估发展背景、模式和趋势》，《教育研究》2008 年第 10 期。
[2] 孙超：《对美国大学生学习产出研究的反思》，《高教发展与评估》2009 年第 6 期。
[3] 白华：《学习效果评估：美国高等教育评估发展的趋向》，《河北师范大学学报》（教育科学版）2012 年第 3 期。
[4] 徐波：《高校学生投入理论：内涵、特点及应用》，《高等教育研究》2013 年第 6 期。
[5] 岳小力：《基于学生参与经验问卷调查的高等教育评价新途径》，硕士学位论文，复旦大学，2009 年，第 3 页。
[6] 王纾：《研究型大学学生学习性投入对学习收获的影响机制研究——基于 2009 年"中国大学生学情调查"的数据分析》，《清华大学教育研究》2011 年第 8 期。
[7] 周作宇、周廷勇：《大学生就读经验：评价高等教育质量的一个新视角》，《大学·研究与评价》2007 年第 4 期。

潜在的也有显性的，难以描述清楚。因此学习成果是很复杂的、难以界定的。美国学术界对学习成果概念进行了探讨和研究，艾斯纳（Eisner E. W.）是第一个使用"学习成果"概念的人，并且认为学习成果"本质上是指在以某种形式参与之后获得的结果，不管是有意的还是无意的"；美国教育评价标准联合委员会认为学习成果是经过特定的学习后学生所发生的变化，是对学生期望的表达。珍尼特·富尔克斯认为，学习成果是指修完某门课程或专业后，学生应该学会做什么。学生学习成果概念看似简单，实则不然。从目前的研究来看可以分为两类：一类是从学科和专业素养角度理解，另一类是从通识能力角度理解，前者的假设是各个学科的知识是有边界的，因此其对应的能力有专业或学科的指向性，后者是假定人无论做什么工作，学什么专业，都需要具有一些基本知识和基本能力。[①]也可以将学习成果分为近期成果与长期成果两种，涉及认知、情感和行为等几个领域，具体而言，近期成果是以综合的学科成绩为主要形式，同时会涉及学生的学习兴趣和行为等，长期成果是以终身学习与未来生活所必需的基础技能为主要形式。

由于学习成果的复杂性，早期的学习评估基本上是以学生的学科考试成绩或标准测验成绩作为产出指标。这样过于单一，不足以再现和反映学生学习的总体情况。学习成果是高等教育质量评估的核心内容，而大多数对学习成果的界定是从宏观角度出发的。评估是要落实到具体指标的，可见学习成果仍需进一步研究细化。

（二）学习成果评估的用途

大学生学习成果评估作为美国高等教育质量保障的重要手段之一，其主要运用在两个层面，一是用于应对外部问责，比如体现在

---

① 周廷勇、张歆雨：《美国大学生学习成果标准化测评工具的分析研究》，载《中国高等教育学会教育评估分会 2013 年学术年会论文集》，内部资料，2013 年，第 122 页。

高等教育认证标准中；二是用于内部质量改进，比如高校校本层面研究。学生学习成果在美国高等教育六大区域认证标准中占有重要地位，并在知识、技能与能力方面有严格规定，如西部地区院校认证协会（Western Association of Schools and Colleges Accrediting Commission for Senior Colleges and Universities）的标准直接提出学生和学生成就是认证的核心，并且需要列出学生入学的资格和毕业时应该取得的学习成就，提出教与学的评估在认证中的重要性。中部各州院校高等教育认证协会（Middle States Commission on Higher Education）在第十四项标准中提出学生是否学习了学校希望他们学到的东西。新英格兰院校高等教育认证协会（New England Association of Schools and Colleges Commission on Institutions of Higher Education）在第六项标准中对学生的学习过程和学习成果等依照目标进行评估。西北部地区院校认证协会（Northwest Commission on Colleges and Universities）的第二项标准注重评估学生在课程和专业的学习成果。中北部院校认证协会（Higher Learning Commission of North Central Association of Colleges and Schools）认证标准第三项是学校需要提供证据来证明学生学习成果。南部地区院校认证协会（Southern Association of Colleges and Schools）的第三项标准是学生成果评估，其中包括完成情况与就业率等。

学习成果评估同时也被众多高校广泛用于内部质量改进，如在2009年NILOA（National Institute for Learning Outcomes Assessment）进行的一项针对全国高等教育机构质量评估状况的调查报告显示，约有3/4的高校都用过或正在使用学习成果评估方式，而大多数高校采用多种方式的混合评估，大概92%的高校采用至少一种方式来评估，而2/3的高校采用三种甚至更多的方式。可见，学习成果评估是高校内部质量保障的一种手段，与其他评估方式共同保障高校教育质量。一般而言，高校以协会认证标准为纲要，根据学校实际问题进行学习成果评估,比如为了保障质量,学校建立学生成果评估手册,创建评估标准,对学生取得的学习成果进行考核和审查。值得一提的是,学校内部质量保障以协会认证标准为纲要的益处是可以为下次外部认证积累评估材料,而且持续性的评估才能起到改进质量的作用。

德国职业教育质量评估也重视学生学习成果。目前,在德国自主办学的职业院校(Operativ Eigenst ndige Schule,OES)质量管理中实施的办学质量评估指标体系分为三部分,分别是输入指标、过程指标和输出指标,其中输入指标通常是指学校办学的硬件情况,如图书馆、技能实验室和师资情况等,过程指标主要是指学校日常的教学和管理,如教师投入、教学态度及职业道德等,输出指标也被称作成果指标,其主要关注的是学习成果,学习成果不仅仅集中体现在学生的考试成绩方面,还包括学生关键能力如社交能力和责任感及用户满意度,即学生满意度和企业行业满意度等。[①] 德国政府对学生、职业院校和企业在职业教育中各自所需承担的责任及相互关系等制定了具体的内容和标准,例如学生在完成某段或全部职业教育的学习之后,必须参加且通过全国统一组织的相关考试才能获得工商联合会统一发放的职业合格证书。

学生学习成果评估在外部质量问责与自我改进的显著作用,证明了学生学习成果已经成为高校教育质量的重要证据和直接证据。学生学习成果评估在高等教育认证机构和高校日益得到重视,使高校的工作重心开始从注重科研转移到注重人才培养,这是教育本体价值的回归,是以生为本理念的表现。

(三)学习成果评估的工具

美国在高等教育运动评估之初就开始讨论如何评估学生的学习

---

① 李文静、周志刚:《德国职业学校质量可持续发展 OES 模式研究——以巴登符腾堡州职业学校为例》,《外国教育研究》2014 年第 1 期。

和发展。随着外部问责和认证运动的兴起，政府和公众渐渐开始要求高校提供教育质量的证据。因此，测量学生学习成果的工具纷纷面世。据统计，目前美国测量学生学习的工具多达 250 个，其对象包括所有的在校学生，这些工具包括标准化的直接测量和间接测量两类，前者是用来测量学习成果，后者是用来测量学习投入和学习经验。本小节重点介绍测量学生学习成果的标准化工具，后者将会在下节详细介绍。

美国学生学习成果的测量和评估起源于客观的和标准化的测试。标准化测量工具能够有效收集学习成果的信息，使用方便效率高，时间成本和经济成本都低，并且结果便于比较，因此在美国备受高校的欢迎。其中，比较有影响力的是美国教育资助委员会（Council for Aid to Education，CAE）开发的 Collegiate Learning Assessment，简称 CLA，美国教育考试服务处（Education Testing Service，ETS）开发的 Proficiency Profile，简称 EPP，美国大学考试中心（American College Testing Program，ACT）开发的 Collegiate Assessment of Academic Proficiency，简称 CAAP。CLA 重点测试批判性思维、书面沟通技能、分析推理技能、问题解决技能和分析性写作。EPP 以多项选择题的形式测量批判性思维、阅读、写作和数学技能。CAAP 以多项选择题的形式测量阅读、写作、数学、科学和批判性思维。三者的共同特点是：它们都采用了价值增值的评估理念，从通识能力的角度理解学习成果，重点考察批判性思维，重视对大学生写作能力的测试。此外，学生通过参加社会性和职业性的标准化测试获得证书或资历也可以作为学习成果的证据，这类测试常见的有研究生入学考试 GRE 和商学院研究生的入学考试 GMAT 以及专业领域的资格考试，如律师资格证、注册会计师、秘书资格证等。

(四) 学生投入的概念研究

学生投入是一个动态多维度概念，它是泰勒（Taylor）在 1930 年首先提出的，是指学生投入学习的时间及对其学业的影响。后来，佩斯（Pace）沿用此概念用来描述学生的努力质量（Quality of Effort），并研发大学生就读经验问卷对此进行了大量研究，发现学生在特定的教育活动中所投入的时间和精力越多，就越能从中获益。[1] 泰勒和佩斯仅仅是从学生自身的角度理解学生投入。随着学习经验与学业成就关系研究的深入，1984 年阿斯汀（Astin）通过研究发现学生投入学校生活的数量与质量与其学习成果具有紧密的正相关关系，提出了投入（Input）—环境（Environment）—产出（Output）模型，即 I—E—O 模型。基于这些研究发现，阿斯汀进一步拓展了"努力质量"的概念，形成了"投入理论"，该理论强化了心理与行为视角下的时间投入和努力质量，所以仅从学生的角度理解学生投入是片面的，阿斯汀使学生投入概念的含义变得窄而深，为学生投入理论研究撇清了干扰因素。库（Kuh）等学者发现学生投入（时间和精力）及学业成就发生在学校，势必与学校各方面都有不同程度的联系，如资源的配置、课程的安排、各种活动的组织及提供的服务等，这些都是为了支持和激发学生参与教学活动，因此这些也应该是学生投入考察的范围。[2] 此后，库对阿斯汀的投入理论进一步完善，他认为，学生投入是指学生花费在相关教育教学目标的活动上的时间和精力，以及学校促成学生参加这些活动的所作所为。[3] 目前这是学生投入最全面的定义，它包括"学生自身"的投入和"学校为学生学习所做"的投

---

[1] George D. Kuh, "What Student Affairs Professionals Need to Know About Student Engagement", Journal of *College Student Development*, Vol. 50, No. 6, June 2009, p. 693.

[2] Ibid., p. 699.

[3] Ibid.

入，体现了学生与学校之间的互动，这使得"学校期望目标"与"学生投入"之间的关系有了更深的理解。从泰勒、佩斯、阿斯汀到库，他们对学生投入做了充分深入的探讨，使学生投入概念的范围从"单一的时间"发展到"努力程度"，从"行为领域"发展到"心理领域"，从而使学生投入的内涵更丰富，外延更多样化。

  学者从不同角度分析了学生投入的构成，如芬恩将学生投入分为行为投入和情感投入，投入是指学生参与学校的学习和生活，其中，行为投入是指学生以参加学校活动的行为形式表现的，情感投入是指学生以对学校的认同感和归属感的情感形式表现的。纽曼认为学生投入是学生在学业中的心理投入及努力，即学生投入是以学生行为投入为载体的心理活动。尼斯特认为学生投入由程序化投入和实质投入构成，其中，程序化投入是指单纯的行为投入，实质投入包含合理的心理投入，其与学生的高层次思维发展有关。心理活动可以分为认知和情感，那么心理投入可以分为认知投入和情感投入，所以学生投入可以分为认知投入、行为投入和情感投入。三者之间的关系是：认知投入表征了学生参与学习的程度，情感投入与其他因素整合隐藏于学生的内心活动和外在言行中，认知投入和情感投入都必须转化为行为才能被观察到，所以行为投入是基础，是认知投入和情感投入的载体，而情感投入则是认知投入和行为投入的动力源。鉴于人的复杂性，我们只能通过行为去推测其认知投入和情感投入的状况。学生投入理论研究比较成熟，一般为各国做学生学习调查时引进使用，实践证明，学生投入理论没有国家或文化地域的限制。[1]

---

[1] 罗燕、海蒂·罗斯、岑逾豪：《国际比较视野中的高等教育测量——NSSE – China 工具的开发：文化适应与信度、效度报告》，《复旦教育论坛》2009 年第 5 期。

（五）学生投入的测评工具及其实践研究

1. 美国大学生投入实践研究。在美国高等教育评估的发展趋势中，最为显著的特点是评估范围的逐步扩大，包括公立高校、私立高校、社区学院等。学习投入理论是开展学生学习情况调查的基础，在国外受到高度关注，尤其是在美国，各高等教育研究机构陆续开发出学生投入的测评工具，涉及入学前测验、入学学生期待、学生就读经验及学生学习投入测验等。比如 CIRP 新生调查（CIRP Freshman Survey）、CIRP 大四学生调查（CIRP College Senior Survey）、大学生就读经验调查（The College Student Experiences Questionnaire，CSEQ）、全美大学生参与度调查（National Survey of Student Engagement，NSSE）、加州大学本科生就读经验调查（University of California Undergraduate Experience Survey，UCUES）、社区学院大学生参与度调查（Center for Community College Student Engagement，CCCSE）等，其中比较有影响力的是 NSSE。1998 年美国高等教育机构为了应对社会和公众的问责，开始设想使用新的方法收集和评估高校教育质量，于 1999 年在皮尤慈善信托基金的支持下，印第安纳大学的研究人员、教师与专业评估人员合作研发了 NSSE 并付诸实施，且还在不断地完善和改进，从而形成了包含评估工具的开发、测量、收集信息、分析数据及数据应用等相对成熟的评估机制。截至 2013 年，共有 1554 所高校参与，其中在 2013 年有 621 所高校参与；共有大约 400 万名学生参与调查，在 2013 年共有 371284 名学生参与。其中与之配套使用的还有学生参与调查（教师版）（Faculty Survey of Student Engagement，FSSE），是从教师的角度看待学生的投入及收获。

社区学院是美国实施高等职业教育的主要场所，鉴于社区学院的教育目标、学生总体特点和资源与本科教育的不同，2001 年在休斯敦基金会、露米娜教育基金会等资助下在德克萨斯大学奥斯汀分校成立了 CCCSE（Center for Community College Student Engagement），与 NSSE 合作，开展面向社区学院和技术学院学生的高职院校学生学业质量调查，目的是改进社区学院和技术学院的教育教学活动，提高学生学业质量，为社区和技术学院的质量评价与问责等提供信息。CCCSE 先后实施了三类调查，CCSSE（学生版）、CCFSSE（教师版）和 SENSE（新生版）。其中 CCSSE 是最早的也是影响最大的调查。截至 2013 年，美国参与 CCSSE 调查的社区学院和技术学院各年度情况如表 1-1 所示。美国共有一千多所社区和技术学院，2001—2013 年共有 876 所社区和技术学院参与调查，可见，CCSSE 的影响之大。

表 1-1   2001—2013 年参与 CCSSE 社区和技术学院情况统计

年度（年）	2001	2002	2003	2004	2005	2006	2007	2008	2009	2010	2011	2012	2013
参与院校数（个）	12	48	93	152	257	193	279	316	313	241	435	266	280

CCFSSE 是一个在线的调查，是针对教师关于学生投入的认识，反映了他们的教学情况以及他们怎么分配自己的专业时间和业余时间，可以与 CCSSE 收集的数据进行对比，这也为教师参与到讨论学生参与和学生成功的话题提供了一个有效的途径。参与 2005 年开始实施的 CCFSSE 的社区学院和技术学院各年度情况如表 1-2 所示。

表 1-2   2005—2013 年参与 CCFSSE 社区和技术学院情况统计

年度（年）	2005	2006	2007	2008	2009	2010	2011	2012	2013
参与院校数（个）	39	65	150	130	150	88	203	99	113

SENSE 是针对新入学的学生开展的学习参与性调查，对象是每年新入学 4—5 周的社区学院和技术学院的学生。该调查可以帮助学校发现，为什么有的学生能坚持到学业结束，而有的学生却不能。SENSE 是 CCSSE 的有效补充，可以更早地关注学生早期的学习经验。从 2007 年开始实施，各年度情况如表 1 – 3 所示。

表 1 – 3　　　　2007—2013 年参与 SENSE 院校情况统计

年度（年）	2007	2008	2009	2010	2011	2012	2013
参与院校数（个）	22	89	120	72	90	151	86

2. 德国大学生投入实践研究。为了解大学生的学习情况、学习参与度、学习体验和经历、学习愿望和需求及学习过程中遇到的困难和压力，1982 年德国教育与研究部开始对高等院校进行周期为两年到三年的大学生学习投入调查工作，调查的内容主要围绕学生学习和学习体验两方面。截至 2010 年，由教育与研究部组织、康斯坦茨大学高等教育研究所负责实施的大学生学习投入调查已经进行了 11 次，每次大约在德国所有高校中随机抽取 25 所大学包括综合性大学和应用科技大学的部分学生参与投入调查。每次大学生投入调查的工作结束后，负责机构会将调查所得数据存入德国社会科学数据资料库供内部使用，同时参与调查的大学也会在调查结束后收到相应的调查报告，其内容主要包括本校每个专业的具体数据以及本校的教学状况、学生学习体验等学习质量整体性评价的数据信息。

3. 英国大学生投入实践研究。英国多科技术学院及其他学院是指一切规模较大的非大学的高等院校，主要提供以职业为方向的高等教育课程，其使命在于着重提供大学/本科学位水平和学位以下水平的职业课程，旨在扩大入学机会，满足地方和地区需要。为了迅速提高本国人民的劳动力素质，英国在 20 世纪 80 年代开始积极推行国家职业资格证书制度，并逐步建立了完整的质量保障和监督管理体系，该体系主要是由自我评估和外部评估两部分组成。其中，负责外部评估的两大部门是技能资助局和教育标准办公室。自我评估比较关注学生学习，其开展工作的主要依据是教育标准办公室评估手册，评估过程和评估内容围绕五个关键部分：学习者学业成就、教学活动或项目培训的效果、学习者学习过程中获得的教师指导或帮助、学习者在校期间获得的领导和管理者的指导或帮助、专业与课程设置满足学习者需要和兴趣的程度。自我评估非常重视学生意见，学校通常每年进行两次学生调查，以便了解学生对教师教学质量和学校管理质量的意见。此外，每年还需要进行一次关于其他利益相关者尤其是用人单位的调查，并将调查结果公布在全国网站上，以便学校与全国其他职业院校进行对比，从而找出自身存在的不足之处并进行改进。

此外，澳大利亚和日本等国家也紧随其后开展了大学生投入的实践研究。澳大利亚主要是引进美国的学习经验调查工具 NSSE，由澳大利亚教育研究委员会负责组织和实施澳大利亚学生参与度调查（Australasian Survey of Student Engagement，AUSSE），并引起了广泛的关注。日本大学生投入研究范围涉及全国 127 所大学，该研究展现了大学生在校生活与参与学习的基本情况，其中包括学生与教师、学生、管理者及学校环境的相互作用的情况，其调查结果主要用来改进大学教育工作，该研究小组还试图就某些问题和美国、中国的大学生学习情况进行比较。[1] 这些国家的研究是效仿美国，因此研究方法和内容基本类似，此处不再赘述。

（六）国外研究述评

学生学习质量作为高等教育质量的重要组成部分，较早引起了

---

[1] 张晓鹏：《中国教育仍要进行哥白尼式的革命》，《上海教育》2009 年第 8 期。

国外高等教育界的关注，并开展了相关的理论与实践研究。通过对美国、德国、英国等国家的相关文献分析，学生学习已经成为各国高等教育质量评估的重点，在高等教育认证标准中都占据重要地位，其研究主要集中在学习成果和学生投入两方面。学生投入和学习成果的研究无论在理论上还是实践上都声势浩大，尤其是美国NSSE 的成功，使得澳大利亚、加拿大、英国等国家随之加入其列。"以人为本"与"促进学生全面发展"的理念贯穿于学生学习评估研究中。不同学者从不同角度研究学习质量，但都强调质量证据的收集，如何获取学生学习的证据成为评估的重要问题。但目前还没有将学习成果评估与学生投入评估结合起来。

与学生学习成果评估相比较，学生投入评估起步相对晚些，但发展很迅速。学生投入评估的理论假设是：学生投入影响学习质量。从相关研究看出，关于学生投入的调查首先是在普通高等院校展开而后蔓延到职业院校，并且开发了适应职业院校特点的学生投入评估工具（CCSEE 与 CCFSSE 等），该评估工具的内容会根据评估目的的不同有所改变。美国对学生投入进行调查的数据都会反馈给学校以便于学校进行有针对性的改进，也会存放在联邦教育局便于官方进行质量审核，从而成为财政拨款的依据。通过大学生投入调查研究，高校可以获得真实可靠的第一手数据，从群体层面了解学生需要和学校办学现状中存在的问题，在此基础上可以采取针对性改革措施，切实有效地提高教育质量。

依据全面质量管理理论，学习质量生成于整个学习活动中，应该与每个环节都相关，其中包括学生投入、学习过程和学习成果等环节，所以学生学习质量不仅与学习成果有关，而且还与学生投入和学习过程有关。但国外研究并未对此进行专门的理论探索。学习过程是学习活动中的隐形部分，被心理学家视为"暗箱"，学生接收信息、消化信息、内化、表现等学习环节，都发生在学习者内部，虽然教育者可通过其行为表现对其学习过程略窥一二，但这是远远不够的，况且整个学习过程还可能是瞬间完成/接收或者持续很久（比如有的知识需要很久才能熟练掌握），所以通过对学习过程进行监控来获取学习质量的相关信息是相当困难的。基于以上分析，观测学习过程最好的切入点就是学生投入，比如学生对某些事情投入的时间和精力越多，那么学习过程可能就越积极，学习质量就可能会越高。因此，学生投入情况可以反映学习过程。学生投入并非如工业生产线上的投入那样一次性将原料投入（不论种类和分量），而是伴随着整个学习过程，且会不断变化。学生投入和学习成果融合于学习过程中，通过对学生投入的调查研究，试图再现学习活动的全貌，能对复杂的学习过程了解得更全面。值得注意的是，笔者认为学生投入的外延细化需要根据学校的特点进行，经过对 CCSSE 的分析，发现其并未体现出明显的职业教育的特点，如职业性。由于职业教育的实践性很强，因此在调查中需要加大实践部分的比例，本书后续部分不会直接采用 CCSSE 问卷，而是会根据我国高职的实际特点进行修改，使其更符合高职院校的实际情况。

三　国内相关研究综述

截至 2013 年 10 月 15 日，利用 CNKI、维普、万方等中文数据库进行文献检索和资料收集，以"学习质量"为关键词搜索到文献 2315 篇，选择社会科学类（包括教育学、社会学、人口学等）数据库对其进一步筛选，搜索到相关文献 915 篇，其中职业教育学科 89 篇，高被引文献只有 10 篇，而在职业领域内高被引文献是 0 篇。可见，以学生学习质量为研究对象的文献尤其是高质量文献还不多，且散落在各个领域（从教育理论与教育管理领域可以看出），呈现不系统状态。以相类似名词如学习结果、学习成效、学习产出、学习绩效等为关键词进行搜索获得相关文献 6375 篇，其中职业教育学科 412 篇,文献在其他学科分布情况和上述类似,多居于教育理论与教育管理领域,其次是中等教育和高等教育领域。"学生满意度""学生评教"是基于"学生参与"的视角来描述质量,只体现了学生的主体位置但并未实现学生真正参与质量建设。这些研究都是基于研究者的经验理解,并未正式论述学习质量概念及理论。

我国高校在经历了首轮教育评估后,在教师队伍、图书馆资源和教学条件等教育投入方面得到了改善,这在一定程度上使教育质量得到了保障,但学生学习在评估中却没有被给予足够重视。实践证明,投入不能决定产出,因此必须关注教育产出——学生学习情况。未来的教育评估应该包括学生及其学习情况的评估,着重调查学生利用资源进行学习的方式、方法及过程,并需要对最终的学习质量进行评估,从而达到用学生学习质量证明教育质量的目的。我国高等教育虽然强调"学",但对于"学得如何"的研究却不尽如人意,在理论上主要是引介西方国家的。国外关于学生学习评估的研究主要涉及 student engagement/involvement(学生投入)、learning outcomes(学习成果)等,在引入的过程中被翻译成学习投入、学习性投入、学生投入、学习产出与学习成果等,再加上国内不同的研究者对学习质量采用不同的词汇来表达,如学习成绩、学习效果、学习成就等,这使得学习评估的研究百花齐放,令人眼花缭乱,不过从另一方面也可以看出,学习评估的研究处于比较混乱零散的状态。

(一) 学生学习成果的相关研究

目前,我国学生学习成果研究主要是以介绍引进国外的研究理论为主,其中黄海涛的《美国高等教育中的"学生学习成果评估":内涵与特征》《美国"学生学习成果评估"研究评析》《美国高校"学生学习成果评估"的历史演进》《美国高校"学生学习成果评估"的特点与启示》，马彦利的《当今美国高等教育质量评估的焦点：学生学习成果评估》等文献影响较大。黄海涛在分析美国学生学习成果概念的基础上，提出了自己的见解：学生经过某种学习后，知识、技能、态度、情感以及习得的能力得以增长，这种增长是具体的、可测量的。[①] 这些文献对美国的学生学习成果及其评估的演变、现状和特点等做了详细的介绍，学生学习成果评估的实践研究丰富，但是理论研究匮乏，可见在美国，学生学习成果评估的理论仍在探索中。国外重视学生学习成果评估为教育质量的改进带来显著成效的做法引起了我国高等教育界的注意：学生学习才是教育质量的根本，提高教育质量必须从提高学生学习入手，必须重视学生学习评估并将其置于关键位置。虽然明确了学生学习成果评估是未来高等教育评估中的重点，但是目前我国高等教育学生学习成果评估的理论与实践都比较欠缺，所以只能一边引进先进理论和经验，一边在此基础上进行实践探索，以发挥学生学习成果评估在提高教育质量中的重要作用。

（二）学生投入理论及评估工具的引进和本土化

学生投入理论和评估工具比较成熟，没有地域差异的存在，因此很多国家都是直接引用。孔企平对国外学生投入的概念研究进行了深入分析，认为学生投入是一个组合概念，包括认知投入、行为投入和情感投入。徐波对国外学生投入的理论与实践做了梳理，将相近的概念如学习投入、学习性投入都归为学生投入概念，因为学生投入涵盖面更广泛，而学习投入和学习性投入容易与中小学的研究相混淆而被认为仅是课堂的投入，大学生的学习不局限于课堂而是贯穿于生活中，徐波还以此理论对教育质量的评估及提高进行了

[①] 黄海涛：《美国高等教育中的"学生学习成果评估"：内涵与特征》，《高等教育研究》2010年第7期。

探索。

在学生投入工具引进方面，2003年，赵巍的《NSSE——评价美国大学质量的又一标准》一文只是作为一种信息介绍将国外的理论研究翻译过来。2007年，罗晓燕、陈洁瑜对美国"全国学生学习投入调查"产生的历史背景、调查流程和评价指标等方面进行了系统介绍，这标志着NSSE进入我国高等教育领域并引起关注。2009年，岳小力撰文系统介绍了美国NSSE的理论与实践情况，其后张德启、张文毅等从NSSE的角度对我国本科教学评估做了深入思考，并提出建议：要重视学生及其学习经验。以美国印第安纳大学东亚研究中心主任海蒂·罗斯为首，由岑逾豪和罗燕等组成的团队是最早引进NSSE的，他们还启动了对NSSE的汉化和修改工作，被称作"中国大学生学习性投入调查"（NSSE – China），并被授予了唯一中文版权。以清华大学史静寰教授的项目"中国大学生学习性投入调查"为支撑，项目组运用汉化的NSSE在2009年开展了首次调查，共有27所不同类型的高校参与，根据调查调研结果对工具进行了完善，形成了NSSE – China 2010版，随后参与学生学习调查的院校数量不断增加，2010年参与院校达到45所，2011年达到61所，有效数据已经达到60684条，并且构建了中国大学生学习情况常模。

（三）学生投入的实践研究

学生投入理论也对我国的实证研究产生了影响，很多重大课题均以此为理论支撑，比较有代表性的有北京师范大学周作宇负责的教育部规划课题、全国教育科学规划办重点课题"中国大学生就读经验研究"，复旦大学于海负责的上海市科教党委课题"上海大学生发展研究"，山东理工大学谭秀森负责的全国教科"十一五"规划课题"当代大学生学习环境调查与研究"，清华大学史静寰教授主持的福特基金项目"中国大学生学习性投入调查"等，其中影响力最大的当属周作宇教授和史静寰教授,他们的研究主要关注宏观层面,并在我国本科院校陆续开展了一系列的实证研究,内容集中在国内外同水平高校的对比研究和高校本身的学情调查,建立了本科学生的学习情况常模;关注地区之间高校学生投入的差别或者是地区与高校之间资源的互动,又或者是高校学生投入与资源互动差别等。从内容上看,这些课题大多是研究某个时间如大一或大四的学生投入,从范围上看,调查的学生拘于某一区域,在时间的持续性和空间的完整性方面略显不足,从而会影响研究深度和广度。虽然此中涉及一些高职本科院校,但并未被单独作为重点来研究。

在学生投入工具汉化引进的基础上,我国很多研究者对大学生投入问题进行了大量的实证研究。黄琼萃借鉴了美国印第安纳大学编制的《大学生就读经验问卷》(*College Student Experiences Questionnaire*,简称 CSEQ)并作修改,对上海 S 大学的 1100 名学生进行问卷调查,针对该校出现的问题提出相应的对策;吴素梅等以上海 W 大学为样本,与地方本科院校和"211"院校学生投入常模做比较,得出 W 大学的优势与不足。这些实证调查侧重分析现状从而发现问题。罗燕等使用 NSSE - China 调查工具对清华大学进行学情调查,调查结果与美国大学进行比较后显示,清华本科教育从总体上和美国同类大学相当。钟春玲等用 NSSE - China 工具以福州大学为样本,与"985""211"院校常模做比较发现了本科教育的问题并提出改进意见;吴玫等利用 NSSE - China 以云南大学为样本,陈宇等以吉林化工学院为样本,王纾以 NSSE - China 2009 年的数据为基础,构建和分析了大学生学习过程中的输入变量、过程变量和输出变量的因果关系结构模型,阐释了研究型大学学生投入对学习收获的影响机制,结论是学生投入的各维度对学习收获的影响不同,学生投入作为过程因素对学习收获的影响比院校环境和家庭背景等输入因素的影响要大。以上研究主要是利用 NSSE 问卷对某个大学或者是某类大学（如研究型大学、地方本科院校等）进行调查，其对象还多是普通本科院校，然后与其他大学或者院校常模进行比较，这些研究多采用问卷调查的形式，直接面向学生调查其在学校的教育经历体验，有效掌握学生投入情况，但缺陷在于对数据缺乏深层次挖掘，对提出的改进措施缺乏有效性研究，对其理论基础和方法研究不够深入。

（四）国内学生学习质量研究

在引介学生学习评估的热潮中，我国学者也纷纷开始了本土探索，其中比较有影响力的是厦门大学史秋衡教授的"国家大学生学习情况调查"、国家社科基金"十一五"规划青年基金项目"高校学生学习质量评价研究"以及"大学生学力评价与学力培养研究"，这些课题和学习质量直接有关，但是对象都是普通高等学校的学生，重点集中在评价和学习能力的培养上。对于以高职学生为研究对象的学习质量的研究还较少。在评估工具方面，我国主要是引进，自主开发较少，值得欣慰的是，厦门大学史秋衡教授的"国家大学生学习情况调查"是自主开发设计的问卷。梳理文献后得知，国内大学生学习质量的研究主要集中在：大学生的学习业绩、学习成就、学生能力、个性诸方面的发展，以及学生学习质量存在的问题及对策研究。但是很少关注学生的学习状态和过程，忽视学生主体性研究，也未对学习质量的概念及内涵做深入研究。

在高职教育领域中，学生学习质量也逐渐成为研究的热点，但效果和力度明显较低。高职院校学生学习质量研究多是集中在对高职学生评价及实证方面，但质量并不高。贾克江将课程分为文化课程、专业理论课和职业实践课进行了学生学习分析，阐述了课程和教师对学习的影响，但是忽略了学生的主体性，并且对高职学生复杂的学习过程的分析显得有些粗略；马庆发教授将学习质量等同于学习效果，并且阐明了非智力因素在学习质量中的重要地位。这些文献多是涉及对学习效果的评价研究。在高职学生投入研究上，肖艳双运用了学习投入量表（UWES-S）（基于工作投入问卷修改而成，并在欧洲的三所大学试用过）分析了高职学生投入的总体状况和具体特点，并分别从性别、独生与否、居住地、年级、学习成绩、选择专业、专业满意度7个方面进行了比较。

（五）国内研究述评

通过对相关文献的梳理，学生学习质量及评估已经引起教育界的重视，但研究并不深入。其实，学生学习是教学论的重要内容，可是在全国流行的50多种教育学版本中，多是讲述如何"教"和怎样"育"的理论，很少涉及如何"学"和怎样"思"的理论，无"学"现象非常突出。关于学习质量的研究散见于教育质量、教学质量、教育管理等相关文献的论述中，这与以培养合格的社会公民为最终目的的教育教学是不相匹配的。

国内学习质量研究逐渐兴起，但主要是处于直接引进状态。除了借鉴美国先进的理论和思想外，但仍需要根据我国高等职业教育的特点，慢慢内化生成最适合我国高等职业教育实情的理论。此外，在调查工具的开发方面尤其应该加强，就目前情况而言，信息技术的应用可以大范围地收集信息，但现有的调查并没有充分利用信息技术工具在收集数据方面的潜力。国内开展的学生投入研究大部分是针对普通本科的，针对职业教育的较少。研究者大部分是基于经验对学习质量进行某方面的研究，且很少在研究之间通用。高职院校是高等教育，在开展学生投入方面可以充分借鉴普通高校的经验。目前关于高职学习质量的研究主要集中在高职学习的现状、对策和评价及其方法体系，而对高职学生学习质量的内涵和特征、高职学习质量的影响因素和评估等基本理论较少，而这正是本书研究的重点。本书在探明学习质量概念的基础上，结合高职学生学习的特点，揭示高职学生学习质量的影响因素并进行评估。

第三节　研究意义

一　理论意义

（一）通过对高职学生学习质量基本理论的探讨进一步充实高职教育质量理论

高职教育质量的基本理论涵盖了教师、课程、管理等多个方面，但是高职学生学习质量的研究还很少。本研究通过对高职学生学习质量的概念、特性、影响因素、质量生成过程及质量表达的理论探讨，解释了学生学习质量是如何生成的以及哪些因素对学生学习质量影响最大等问题，学生学习质量的表达为评估指标和评估标准的制定提供了依据，因此高职学生学习质量的理论研究将充实高职教育质量的基本理论。

（二）通过对高职学生学习质量生成的探索有助于深化高职教学理论

高职学生学习属于高职教学论和高职课程论的主要内容，但目前相关研究较少。通过对高职学生学习质量生成过程和影响因素的分析，揭示了学生学习质量高低关键取决于学生，而教师、管理者和学校环境都是为学生学习服务的。教学的目的就是促进学生学习和发展，因此高职学生学习特点和学习过程是高职教学论和课程论的重要内容，高职学生学习质量生成的研究有助于教师开展更有效益和更有质量的教学，同时深化高职教学理论的内容。

（三）通过对高职学生学习质量评估理论的梳理和构建可以丰富教育评估理论

高职学生学习质量评估研究力求探索高职学生学习质量评估的内在规律，从而丰富高职教育评估理论。高职学生学习质量评估是对学生学习成果和学习过程的评估，属于学生学习领域的评估。教育评估理论中包含很多方面，如教师教学评估、学校实验室实训室评估、课程评估等，而对学生学习的评估重视不足。因此，高职学生学习质量评估理论的构建有助于丰富教育评估理论的内容。

二 实践意义

（一）为高职院校改进学习环境提供依据

以往的研究大多集中在教学资源如课程、教师和教学等单一的评估，忽略了学生的学习，而本研究将学生个体特征、课程、教学和环境都纳入学习质量评估范围内，对这些因素如何影响学生学习质量进行综合评估，即将学习成果与学习过程的调查整合起来考查学生学习的状况，更加全面地展现了学习的全景，可以清楚地发现学生学习中存在的优势和劣势，从中找出问题，分析问题产生的原因，为改进教学、课程和学校环境提供依据，以便更好地满足学生需要。

（二）为高职院校开展学生学习质量评估提供基本框架

高职学生学习质量评估研究为高职院校实施学生学习质量评估活动提供认识论和方法论方面的指导，提供技术层面的支持。目前，高职学生学习质量仅仅是以学业成绩表达，大部分情况下是教师单独对所任课程进行考查，呈现不系统的状态。促进学生学习是全体教师和管理者的共同责任，所以高职学生学习质量评估实现的前提是教师和管理者的倾力合作。高职学生学习质量评估实现的探索为高职院校开展学生学习质量评估提供了评估的基本原则、基本程序和运行机制，这将为下一步的高职学生学习质量评估提供参考框架，使之有章可循。

（三）为高职院校办学成效提供直接证据

学校的办学成效或者说教育质量有多种证明方式。学生学习质量的评估能够使高职院校今后更加关注输出结果而不是过分关注输入条件。高职院校的教育使命是培养学生，促进学生的成长与发展，那么学生学习质量是其成长与发展过程中的标志，对学生学习质量的评估能为高职院校履行教育使命的程度提供最为重要的证明，更能确切展现高职院校的办学成效。

第四节 研究设计

一 研究方法

（一）文献分析法

笔者充分利用图书馆和网络等途径查阅和收集了大量有关学生学习及其评估等方面的文献著作和资料，涉及管理学、教育学、心理学等学科，对国内外学习成果和学习调查的研究进行了分析和归纳，为学习质量评估研究奠定了理论基础，文献研究保证了本课题研究的深度。

（二）比较研究法

比较研究法主要借鉴美国普通高校学生和社区学院学生学习评估，德国、英国、澳大利亚和我国台湾地区的相关研究都是借鉴和模仿美国的理论和经验。对普通高校和高职院校的学生学习质量评估进行比较，利用其相似之处结合我国高职学生特点研究并构建适合高职院校的学生学习质量评估理论和模式。

二 研究思路

在实地调研和文献调研的基础上，以教育部哲学社会科学重大攻关项目"职业教育质量评价体系研究"为依托展开高职学生学习质量评估研究。其思路如图 1—1 所示，在辨析本研究相关概念的基础上，以学生学习活动的视角对高职学生学习质量概念、内涵和

图1—1 研究思路

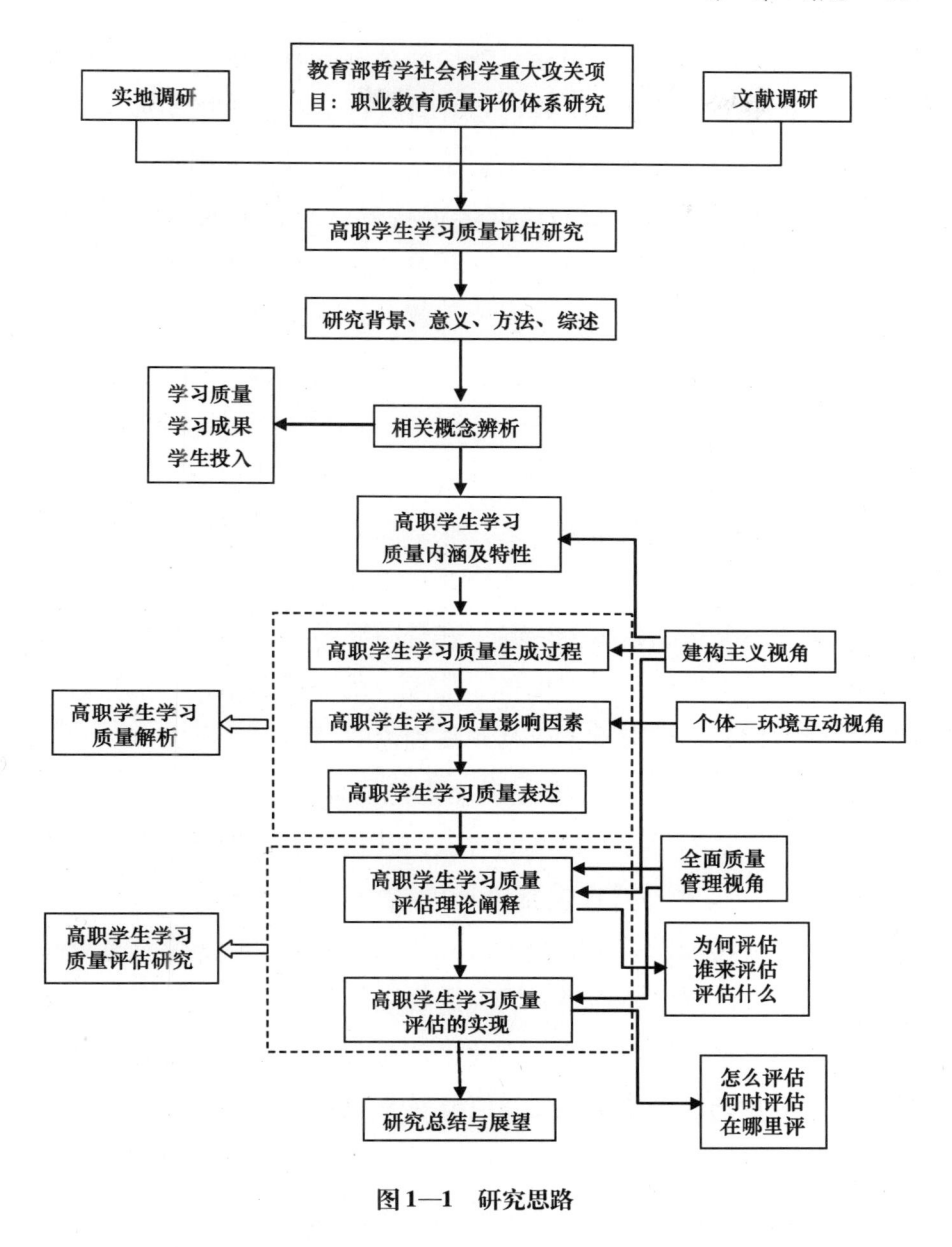

特性进行界定和解读，运用建构主义视角对学生学习质量生成过程进行解析，对学生学习质量评估进行理论构建，运用个体—环境互动视角对高职学生群体的学习质量影响因素进行分析，高职学生学

习质量表达是高职学生学习质量评估的关键。由于学生学习质量的抽象性、迟滞性和复杂性，难以对其直接评估，但是学习成果作为学习活动的产品，学习过程作为影响学习成果的重要因素，两者都能反映学生学习质量，从而对两者进行评估可以间接反映学习质量。高职学生学习质量评估研究包括理论构建和实现两部分，其中包括了为何评、谁来评、评什么、怎么评、什么时间评及在哪里评等评估基本要素及其相互联系。

三 研究内容

本书属于评估理论研究，旨在探索高职学生学习质量评估的内在规律，从而为高职学生学习质量评估实践提供理论指导和技术支持。本研究主要包括两部分内容：一是高职学生学习质量的基本理论研究，二是高职学生学习质量评估理论的探索和解读。其中，高职学生学习质量的研究有助于其评估理论的释读。

（一）高职学生学习质量的基本理论研究

高职学生学习质量是评估的对象，其相关理论研究是进行质量评估的基础，其主要内容包括高职学生学习质量概念、内涵及特性，质量生成过程、质量影响因素和质量表达。其中，高职学生学习质量概念、内涵及特性是对其高度抽象的结果；质量生成过程和质量影响因素是密切相关的，是改进质量和评估质量的基础；而质量表达是将复杂抽象的学习质量以某种具象的形式进行表达，是进行评估的关键。

本书在借鉴管理学和心理学领域中质量概念的基础上，从学习活动的视角入手对学生学习质量的概念进行了界定并阐述了其特性，即学生学习质量是学习活动的特性满足学生需要的程度。采用学习活动视角是为了突出学生在学习中的主体地位。学习活动并非学生独立自发的活动，而是在教师有目的和有计划地引导和学校的支持下，以学生为主体的活动。因此，学生学习活动中包含着教师和学校环境对学生学习的影响。在内容上，高职学生学习质量包括学习活动的内容、结果、方式和过程等方面满足学生需要的程度，在形式上是以学生的主观感受和学习后状态达到预期目标的程度形式表现。学习活动是学生消费学校教育服务的过程，结合服务质量的特性，依据教育育人的使命，经过分析得出学生学习质量的七项特性：功能性、文明性、经济性、舒适性、时间性、安全性和可信性，其中功能性和文明性是其基本特性。这些特性为后续质量评估指标制定指明了方向。结合高职教育的特点，高职学生学习质量的功能性和文明性表现为职业性、实践性和人文性，在高职学生学习质量评估指标体系的制定中应该突出其职业性、实践性和人文性，三者共同表达了高职人才培养目标的特征。

　　高职学生学习质量概念、内涵及特性是对学生学习质量抽象层面的界定，而高职学生学习质量的生成过程、影响因素及质量表达则是对其的深度解析。运用建构主义视角分析高职学生学习质量生成的过程，并对其影响因素进行归类分析和验证。建构主义学习理论认为学习是主客体相互作用最终达到主客体统一的活动，那么学习质量是在主客体相互作用的过程中生成的。据此本书选取高职学生学习活动的微观片段对学习质量生成进行分析，其生成过程是以学生的实践经验为起点，沿着实践—理论—再实践的路线，朝着岗位所需知能的方向，是技术理论知识和技术实践知识在思维层次整合和实践层次整合循环的过程中生成的。从学习活动的阶段看，高职学生学习质量生成过程包括外部学习活动、内部学习活动、内化建构过程和外化建构过程，通常情况下四者是混合一体并没有界限，而且是依据技术知识的内在逻辑结构和职业教育教学规律而设计的。由于学生具有主体选择性和能动性，学生可以对教师提供的学习内容进行选择和加工，因此，学生学习质量实质取决于学生自身，教师只是尽可能地根据学生特点为其提供最大的帮助和引导而不能取代学生对知识的建构。教师要根据高职学习内容和学生的认知特点，使其外部活动侧重于感性直观的操作活动，以形成与工作过程相似的先做后知的学习顺序。

根据事物发展是内因和外因相互作用的结果，高职学生学习质量是内因和外因相互作用的结果，其中内部因素包括学生的智力因素、非智力因素、道德因素、生理因素和初始能力等，外部因素包括教师、学习内容和学校环境等，其中学校环境包括软环境和硬环境。学校环境特别是软环境主要是通过教师对学生学习产生影响。经过问卷调查和访谈，高职学生并非很看重学校的硬环境，而是非常重视教师能力和学校提供的软环境氛围。这说明了硬环境的资源性投入并不是影响学习质量的重要因素，所以在以后的评估中应该加大软环境方面的建设，满足学生学习需求，真正提高学习质量。

高职学生学习质量表达是将学习活动特性与学生需要比较的过程与结果表达出来，内容包括对比较过程与结果的测量、描述、分析和判断，是两者比较过程与结果的具体化，表现为学生学习状态前后的变化、学生学习成果达到预设目标的程度和学生对学校服务的主观感受等。学习质量本身的复杂性、模糊性、迟滞性、多因素性和潜在性等特征导致学习质量表达的多样性，高职学生学习质量表达方式包括实证性质量表达、适用性质量表达和满意性质量表达。

（二）高职学生学习质量评估理论的探索和解读

高职学生学习质量基本理论和一般教育评估理论为高职学生学习质量评估的理论探讨和实现提供了研究基础。结合高职教育的特点构建了高职学生学习质量评估基本理论和评估实现的程序和运行机制，系统地解决了学生学习质量评估中的为何评（WHY）、谁来评（WHO）、评什么（WHAT）、怎么评（HOW）、何时评（WHEN）

和在哪里评（WHERE）等基本理论问题。

"为何评"是指评估的目的，高职学生学习质量评估是通过收集和分析学生学习质量的相关信息，发现学生学习中存在的问题进而寻求改进策略，而不是对教师和课程等做出价值判断的行动研究，其根本目的是改进高职学生学习质量，促进学生发展。

"谁来评"是指评估的主体。根据第四代评估理论可知，高职学生学习凝聚着高职教育各利益相关者的诉求，因此高职学生学习质量评估需要利益相关者的积极参与，从而需要形成以学校为主导，以教师为主体，学生、行业和企业参与的评估共同体，采用多种评估方法和手段对学生学习的情况进行综合评估。

"评什么"是指评估客体或评估对象。学生学习质量是高职学生学习质量评估的对象，但是由于高职学生学习质量生成具有复杂性、迟效性和多因素性，所以无法对学生学习质量进行直接评估。不过，学习成果作为一定质量学习活动的产品，应该可以作为检验学习活动质量的证据，学习活动是指在教师的指导下，以学生为主体的教育活动，它以过程的形式存在和展开，离开过程便无法理解学习活动。因此学习过程和学习成果是学生学习质量评估的对象，两者缺其一都不能对学生学习质量做出准确判断。

"怎么评"是指评估如何实现，即评估元素如何组合以取得运行的最优效果，主要包括高职学生学习质量评估的基本方法、评估需要遵循的基本原则、评估的层次、评估实现的程序和评估运行机制。本书中构建的高职学生学习质量评估的程序和运行机制实现了学习成果和学习经历（学习过程）的融合，其中高职学生学习质量评估的程序为评估活动开展提供了基本思路，评估运行机制为学校开展学生学习质量评估提供了基本参考框架。

"何时评"是指评估实践最适宜的时间，"在哪里评"是指评估实践的场所或过程。高职学生学习质量评估是学校内部质量保障的主要手段，这决定了高职学生学习质量评估是一种持续性和系统性活动，涉及课堂、课下、专业和学校等多个层次。

此外，在这六种评估基本元素之间还蕴含着一些非常重要的无形元素，如高职学生学习质量评估的功能和伦理等，其中高职学生学习质量评估功能包括诊断功能、引导功能、反馈功能、激励功能和改进功能，它们是学校开展评估的内在动力；高职学生学习质量评估伦理是用来调节和指导评估活动，渗透于评估理念、思维方式、评估制度、评估行为以及人际关系之中，潜移默化地影响着评估活动。

四 拟创新点

（一）解读高职学生学习质量的内涵和特征

高职学生学习质量是高职学生学习活动特性满足高职学生需要的程度，这是在管理学领域和心理学领域中的质量概念基础上从学生的视角界定的，其内涵是学习活动的内容、方式、过程和结果满足学生需要的程度，通常表现为学生对学校教育服务的主观感受和学习成果达到预设目标的程度。高职学生学习质量的特征包括职业性、实践性和人文性，这是学生学习质量的基本特性，即功能性和文明性在高职教育中的具体化。其中，功能性表现为职业性和实践性，是指学习活动具有使高职学生在知识、技能和素质方面得到提升从而达到职业岗位所需实践能力的功能，文明性表现为人文性，是指学习活动具有使学生在获取外部世界知识、技能和经验的过程中促进其身心发展的功能。离开职业性和实践性，则不能突出高职培养高技能人才的特色，离开人文性，学生将无法实现人的全面发展，那么，高职教育将会与职业培训一样成为培养工具的活动，丧失了教育育人的使命。这是高职学生学习质量理论研究的核心。

（二）厘清高职学生学习质量生成过程

质量生成过程是质量生成各相关要素之间相互作用的过程。运用建构主义学习理论，以学习活动为着眼点，那么高职学生学习是指学生在教师的引导下，通过与学习内容和学校环境等要素之间相互作用，经过自身主动建构转化为个人知能结构，从而实现自身发展的过程，高职学生学习质量是以学生具有的相关实践经验为起点，沿着实践—理论—再实践的路线，朝着岗位所需知能的方向逐渐生成的，包括外部学习活动、内部学习活动、内化建构过程和外化建构过程四个"以技术知识的内在逻辑和职业教育教学规律设计的"阶段，整个学习活动渗透着技术理论知识和技术实践知识的相互转化。高职学生学习质量正是在技术理论知识和技术实践知识在思维层次整合和实践层次整合的螺旋循环过程中逐步生成。这对高职学生学习质量评估和改进具有指导意义。

（三）构建高职学生学习质量评估实现的程序和机制

高职学生学习质量评估的目的是促进学生学习和发展，因此评估应该关注学习的全过程，树立以"学"为中心的系统化评估理念，对学习过程、学习投入和学习成果都进行评估，从而弥补以学习成果评估代替学习质量评估的缺陷。高职学生学习质量评估应该构建以学校为评估主导，教师为评估主体，学生和行业企业共同参与的评估共同体，给予他们诉求的权利和质量责任。在上述评估理念基础上，本着简单易操作的原则，本书尝试构建了高职学生学评估的基本程序，主要包括四个阶段：设计、实施、分析与反馈，具体步骤是制定学生最重要的学习目标、测量与收集学生学习成果证据、分析学生学习成果证据、评估结论的解释与运用。为了提高评估效率，本书还尝试构建学生学习质量评估运行机制，主要包括准备机制、课程评估机制、学习经历评估机制、反馈机制以及动力机制，其中动力机制关乎评估的成效。高职学生学习质量评估的程序和运行机制将学习过程、学习投入和学习成果都纳入了学习质量评估的范围，为高职院校进行全面的学习质量评估提供了基本行动框架。

　　高职学生学习质量评估研究被高等教育评估和高职教育评估所忽视，因此本书选择了高职学生学习质量评估作为研究对象，旨在探索高职学生学习质量评估的基本规律，为评估实践活动提供理论指导。鉴于高职学生学习质量评估研究相关的资料较少，而高职教育与普通高等教育同属于高等教育，存在相似之处，因此本书借鉴和梳理了国内外普通高等教育的本科生学习评估的相关研究，主要包括学习成果和学生投入。本章阐述了高职学生学习质量及评估对于改进学生学习质量和进行高职院校内部质量保障具有重要的理论意义和实践意义，采用文献分析方法、比较研究法和调查研究法对高职学生学习质量及其评估的理论进行深入探讨，以期构建高职学生学习质量评估的基本理论。

第二章

高等职业教育学生学习质量评估研究视角

视角是人们观察事物、思考和分析问题的角度，以不同的视角观察事物往往能够得出不同的结论，因此，为了对事物有较全面的了解，人们通常采用多视角对事物进行观察。任何科学研究亦是如此，经常采用多种视角开展研究。为了更全面更充分地了解高职学生学习质量评估，笔者选择了建构主义视角、个体与环境互动视角和全面质量管理视角作为考量高职学生学习质量评估研究的角度，其中建构主义视角主要用于考量高职学生微观、正式的学习和认知发展；个体与环境互动视角主要用于考量高职学生宏观、非正式的学习和发展，如用于高职学生事务工作；全面质量管理视角则为高职学生学习质量评估理论提供系统的理念和分层实现的依据。本章在分析各个视角要义的基础上，结合研究内容，阐述了各个视角对研究的指导作用和意义。

第一节 建构主义视角

一 建构主义的基本思想

建构主义作为一种思想理念，风行当下，其影响遍及哲学科学、社会科学、历史科学乃至社会政治等领域，其思想既是时下最新观念的反映，也是先哲深厚优秀思想的发展。建构主义思想最早萌发于18世纪文艺复兴时代，其核心思想认为人只能清楚地理解自己所建构的一切①，因此每个人对同一事物的认识都不同。建构主义思想在不同领域形成了不同理论，用于处理不同范畴的事物，但其建构的基本思想是共通的，主要包括三点：一是强调人在建构过程中的主体性，二是强调建构的社会意义，三是强调文化在建构中的作用。建构思想的实质是指主体发挥主体性与环境和其他主体互动而完成对世界、对自我和对他人的认识，其中自身建构侧重个体通过同化和顺应完成对世界、对自我和对他人的认识，共同建构是指组织成员在自身建构基础上通过沟通和协商等手段达到对某事的共识。无论是自身建构还是主体间的共同建构都强调人本思想并肯定了人的价值及文化力量的重要作用。建构主义在心理学和教育评估领域中的应用形成了建构主义学习理论和第四代评估理论，这为本书探讨高职学生学习质量的概念、生成过程分析和高职学生学习质量评估提供了独特视角。

二 建构主义视角有利于开展高职学生学习质量评估研究

（一）建构主义以学生为中心的理念为研究高职学生学习质量指明方向

建构主义强调人在建构过程中的主体性，这在建构主义学习理论中表现为要注重发挥学生学习的主体性，强调以学生为中心的理念，其意在淡化教师的控制和支配作用，突出学生的主动和自由。建构主义学习理论认为，学习是主客体相互作用最终达成统一的学习活动。高职学生学习也是如此，是学生与学习活动内容相互作用

---

① 参见［意］维柯《新科学》，朱光潜译，商务印书馆1989年版，第23页。

的结果，而学习活动的过程和形式都是围绕着学习内容展开的。高职学习活动的内容多数是工作过程的知识、技能和态度的综合，其复杂程度较高。工作任务是单个的，往往只包括某方面的技能，而实际的工作过程是多个工作任务相互联系的系统组合，因此如果只教授技能，那么学生适应工作岗位的能力可能不强。高职学习活动内容的综合性和复杂性有助于学生理解工作任务之间的关系和整个工作过程。建构主义学习理论强调以学生为中心，学生在学习过程中占主导地位，高职学生学习活动的过程和形式是在教师指导下进行而不是学生自发进行的，教师的任务是为学生学习提供咨询和辅导作用，其学习过程的主导思想是行动，而行动是指学生达到给定学习目标或自定学习目标的有意识的行为[1]，学生可以根据自己的实际情况选择适合自己的行动方式，其关键在于自身的主动性和责任感。在行动思想的导向下，高职学生学习活动方式有多种，如基于项目的学习、基于任务的学习、基于岗位的学习等。高职学生学习活动内容、学习活动过程和学习活动形式都需要根据职业能力发展规律、职业人才成长规律、教育规律及认知发展规律进行设计和开发，以满足学生的多种需求。这是建构主义强调以学习者为中心的表现。

（二）建构主义学习过程原理为研究高职学生学习质量生成分析提供依据

建构主义学习理论的形成和发展是从瑞士心理学家皮亚杰开始的，他重视个体性建构思想，并从个体与环境相互作用的角度解释了个体建构的过程。紧随其后对建构主义思想发展做出杰出贡献的是苏联心理学家维果茨基，他通过历史文化心理学理论解释了社会文化在个体建构中的作用，强调社会性建构思想。可见，两位学者

---

[1] 高文：《建构主义学习的特征》，《外国教育资料》1999年第1期。

在研究建构过程时强调的重点不同。实际上，个体知识建构的过程离不开他人（同伴、教师或作者等）的支持，是与他人思想交流共享的过程。因此，学生的知识建构既是个体的又是社会的。建构主义基本思想强调主体性、社会意义建构和文化在建构主义学习理论中表现的"情境""协作""会话"和"意义建构"四要素，其中任何一个要素的完成都离不开学生主体性的作用。除了学习者是带着原有经验知识且具有主体性的人之外，学生的学习建构与普通意义上的建构还有所不同，学生学习建构的过程中出现了教育者，其作用是作为学习者学习的帮助者和学习环境的创设者，是为了引导和调节学习活动[1]，这说明了学生学习建构是有目的、有计划和有组织地建构。

以建构主义学习理论观照高职学生学习可知，高职学生学习是学生在教师指导下与学习环境相互作用的结果，是主体与客体相互作用的过程，其中主体就是高职学生，客体是学习环境中的人和物，情境、协作、会话和意义建构是学习环境的重要组成部分。高职教育旨在培养学生的综合职业能力，包括硬技能（进入劳动力市场的就业技能）和软技能（适应工作变动的能力）。高职教育具有的职业性和实践性致使学习环境必须与真实工作场景相同或相似，而不能只是课堂形式的学习，高职学习情境通常需要根据教育规律、学生认知规律、职业发展规律和职业成长规律，以项目、任务和产品等为载体进行设计，其目的是帮助学生更加有效地学习职业知识和职业技能。学习情境的创设通常是重复过程、步骤和方法，不重复的是内容，这是为了方便学生积累经验，使学生能够达到知识与技能的迁移。[2] 真实的或模拟的职业情境有利于培养学生操作、

---

[1] 赵志群：《职业教育与培训学习新概念》，科学出版社2003年版，第54页。
[2] 山颖：《工作过程系统化学习领域课程中学习情境的设计》，《职教论坛》2008年第16期。

制造和服务等硬技能，为了共同完成学习任务或工作任务，学生之间需要进行协作和会话来达到意义建构，这有利于培养学生团队合作、交往交流等软技能[1]。为了更有效地培养学生的综合职业能力，教师需要从学生角度出发，将工作过程中所需的技术要求和行为规范融于学习情境中，这既可以促进学生对知识的理解和技能的习得，又能对工作过程有更深刻的认识，提高学生对实际工作岗位的适应能力。

质量生成是质量相关要素之间相互作用的过程和结果。高职学生学习质量是学习活动的相关要素之间相互作用的过程和结果，是职业知识付诸实践的过程，其主要表现为学生职业能力的提升。高职学生学习质量生成与学习过程是一体的。高职学生通过与学习环境发生相互作用，表现为师生之间、学生与学生之间和学生与资源之间，以原有经验为基础主动地选择和加工信息，主动建构知识或信息意义的过程，使自身知识和外界事物都发生了变化，实现了客体主体化和主体客体化的统一，学生的原有经验、建构意义的能力和学生主体性的发挥都会直接影响学习质量的高低。根据高职学生善于形象具体思维的特点，其学习过程一般是通过实训或操作先获取感性认识，再学习相关理论知识，而后两者交替进行完成工作过程知识的学习，其间往往会掺杂工作过程中的技巧和诀窍等难以模仿、复制和传递的隐性知识的学习，这些知识往往对于个体取得工作中的成功非常重要。高职学生学习质量生成的过程包括学习的外部活动、内化建构、内部活动和外化建构四个阶段，这些都离不开学习情境的支持，它既是职业能力习得的重要依托，也是检验职业能力的方式。真实或模拟的学习情境能够帮助学生运用所学知识和技能，通过讨论、角色扮演及小组问题求解等认知活动将复杂的

---

[1] 姜大源：《当代世界职业教育发展趋势研究》，电子工业出版社2012年版，第51页。

认知过程外显化从而达到理解、分析和解决问题的目的，完成知识的迁移和整合，最终形成职业能力。值得注意的是，教是引导学生学习，为学生学习服务的，教不一定产生学。因此学的成果不是教的必然结果，而是学生自主建构的结果[①]，因此教学质量不等同于学习质量。

（三）建构主义评估理论为高职学生参与评估提供依据

建构主义在教育评估理论领域中的应用形成了建构主义评估理论，即第四代评估理论，其基本思想对第四代评估的理论建构、方法建构和评估实践操作模型都产生了深远影响，同时这也是20世纪60年代自由平等民主思想的反映。第四代评估实质上是一种利益相关者通过协商而形成的共同的心理建构，其中蕴含着利益相关者的主体性、互动性和社会意义等建构主义基本思想。

依照第四代评估理论可知，学生学习质量是由利益相关者逐步共同建构的，学生是学习质量的主要利益相关者。学生既是学习活动的主体，也是学习活动质量的最大受益者。学生主体性的发挥直接影响着学习质量的高低，比如学生对知识的接收、内化及外化应用等环节都需要学生发挥其主体性才能实现，所以激发学生的主体性是取得学习质量的关键，未来的学生应该成为自己教育自己的主体。[②] 学生学习质量除了会影响其身心发展外，还会影响学生的就业及工作岗位表现，从而影响学生的经济收入、社会地位和声誉等。因此，基于第四代评估理论理念，学生作为学习质量的主要利益相关者有权利参与学习质量评估。

第四代评估理论强调必须对利益相关者特别是社会弱势群体的

---

① 刘小强、蒋喜锋：《学生学习视野中的高校教学质量建设研究》，《教育研究》2012年第7期。

② 联合国教科文组织国际教育发展委员会：《学会生存——教育世界的今天和明天》，教育科学出版社1996年版，第200页。

价值诉求做出回应，评估是评估者之间协商、对话和交流的过程。但就目前而言，学生在学习和管理上都处于弱势地位，如与教师相比，学生往往是被管理者和被评估者，没有参与评估的话语权，不能表达自己真正的学习需求。其实学生全程参与学习活动，对教师的教、管理者的服务和自身学习投入的情况都有自己切身的体会，学生作为心智成熟的青年也有能力表达自身真正的需求。因此，高职学生学习质量评估应该赋予学生参与的权利和表达自己真实诉求的机会，并且评估者应该对学生的诉求做出积极合理的回应，从而在平等民主的氛围中达成评估共识，唤起学生承担学习质量的责任，彻底改变以往教师单方控制学生学习质量评估活动的局面，充分体现学生与教师之间平等民主的关系。

第二节 个体—环境互动视角

一 个体—环境互动的基本思想

学生发展是教育的头等使命，学生在教育中的重要地位引起了众多学者的注意。英国教育家阿什比认为：学生、教师、校长三位一体构成了大学的组合，三者是相互平等的。[1] 美国学者唐纳德·肯尼迪认为："重新设计大学……必然要把学生的需要摆在首位。"[2] 西班牙学者奥尔特加·加塞特认为："以学生为中心"的理念彻底贯彻的表现需要反映到大学的物质组织中。[3] 可见，学生是所有高等教育活动的中心，所有教育者的工作及学校环境创设都应该以促进学生发展为最终目标。

---

[1] [英]阿什比：《科技发达时代的大学教育》，滕大春等译，人民教育出版社1983年版，第63页。

[2] [美]唐纳德·肯尼迪：《学术责任》，阎凤桥等译，新华出版社2002年版，第344页。

[3] [西班牙]奥尔特加·加塞特：《大学的使命》，徐小洲等译，浙江教育出版社2001年版，第71页。

个体—环境互动理论主要是揭示学生个体及群体与环境之间的相互作用，包括学生个体及群体如何受环境影响（如社会心理、认知以及价值观等方面的发展）和如何影响环境，试图通过优化环境促进学生发展。该类理论比较有代表性的是阿斯汀的 IEO 模型，该模型认为学校教育输出是学校教育输入与学校环境相互作用的结果，其中学校教育输入包括学生的特点和学习经历，学校环境包括学术氛围和社会交往等因素，该模型试图解释环境对学生整体或个体变化和成长的影响，从概念上和方法上引导高校研究环境对学生的影响。阿斯汀对处于输入端的学生投入开展了深入研究，并提出理论假设：学生学业表现、个人发展水平与学生投入的数量和质量直接相关。此外，桑福德的"挑战与支持"理论提出学生的发展与成长的程度与其所接受的任务难度和支持程度有关，任务难度过大、挑战性过强，学生可能会被压垮，而如果给予过多的支持，学生可能会因懈怠而失去兴趣，因此为了促进学生最大程度的发展与成长，需要在任务的挑战性和支持程度上保持平衡。尤里·布朗芬布伦纳的"人类发展生态学"理论的主要观点是：个体的行为和发展的环境是一个由小至大层层相连、相互作用和相互影响的复杂系统，每个系统都会通过一定的方式对个体发展产生影响。就学生发展而言，该理论认为学生发展是生态发展的过程，学生处于多重复杂而有序的环境系统中，学生发展是个体与周围环境系统相互作用的结果，环境系统中的任何元素都会影响学生发展。

综述可见，三种理论各有侧重，同时使用可为学生创建适宜的学习环境提供理论支撑。学生投入理论关注学生的动机和行为，强调教师应该更加关注和促使学生在学习上投入时间、努力和精力而不是过分关注教学内容和教学方法，重视学校环境的精心设计和课下学习投入，提出了学生发展的整体动力、原则，受到了学术界的欢迎，但同时也因其没有对学生成长和变化发生过程的本质进行描述而受到了质疑。挑战与支持理论和人类发展生态学理论为学校创建环境提供了理念指导，要注意把握学习任务的难度与学生实际能力的平衡，注重学校环境系统之间的生态性配置。

二 个体—环境互动视角有助于透视高职学生学习过程及其质量影响因素

个体—环境互动理论是从环境视角分析学生发展的，指出环境与学生发展成长的关系，其揭示的是学生的综合发展而不是某方面的发展，包括学业与情感发展以及行为举止等方面的变化，该理论有力地解释了学生所处的校园环境对他们的发展起到的促进或阻碍作用，尤其是学生投入理论。实践表明：虽然每所大学都有自身发展目标和学生发展目标，但是"通过环境加大学生投入能够促进学生学习和发展"的规律是适合所有大学的，包括跨文化的大学。因此，个体—环境互动理论也适合研究高职院校的学生发展。实际上，培养高素质技能型人才的目标使高职教育教学更加强调学校环境的重要性，更加强调学校环境（如学习情境）的真实性，如学习工厂、工厂学习、教学一体化教室和虚拟仿真实验室等职业学习的真实情境或模拟情境。因此，对高职学生学习过程和成果的评估必然要深刻理解个体与环境之间相互作用的内在规律。

学生的发展及其知识的获得与运用都是学习者与其环境相互作用的产物，因此高职人才必备的职业知识、职业技能和职业素质的习得都与学习环境密切相关。影响高职学生的环境从微观上来讲主要是指与课程学习相关的情境，也被称作学习情境，如实习情境、真实情境及模拟情境等，它主要影响职业显性知识的习得；从宏观上来讲，环境主要是指学校的物质环境和人文环境，它影响职业隐性知识的习得如企业文化、职业精神和职业道德等。高职学生微观学习情境是宏观环境的组成部分，两者都表现出职业性、技术性和实践性特征。

从微观上看，职业教育课程关注工作过程系统化的设计和开发，通常包括一系列不同层次但紧密相关的职业实践学习情境，如基于工作知识逻辑的模仿、虚拟或真实职业活动的学习情境。学习的起始阶段，学生通过较为简单的学习情境体验获得技术知识的感性认识和实践经验，以此为基础，再经过与此类似的学习情境加以验证并形成技术知识的内化，进而形成应对新学习情境或问题情境的职业能力，完成了从经验学习到策略学习的跃迁过程。[①] 可见，学习情境在学习过程中发挥着感悟、识别、应用和迁移的作用，因此学习过程的始末都与职业学习情境相关，学生学习质量的影响因素都蕴藏于学习情境中，如学习和工作之间的完整性和生态性、学习内容与工作内容的对接程度、学习方式与工作方式的对接程度和学习过程与工作过程的对接程度、学习任务的难度对学生初始能力的挑战性等。

从宏观上看，高职学生学习和工作不可分离的关系使学生学习质量的影响因素更为复杂。与普通教育相比，高职教育与行业、企业等利益相关者联系紧密，高职院校的物质环境和人文环境的设计和布局建设都需要与行业、企业相对接，学校环境和企业、行业环境的高度相关有利于培养学生的职业精神和职业道德等职业软素质。因此，行业、企业参与学校环境建设的方式会影响学生学习质量。目前，我国高职院校多数是基于学校本位的教育，行业、企业等利益相关者只是通过学校的教育教学及其政策间接对学生发展产生影响，因此本研究将行业和企业的影响归并至学校所创设的教学环境和教学条件中。

---

① 姜大源：《职业教育：情景与情境辨》，《中国职业技术教育》2008年第25期。

微观环境和宏观环境在不同程度上影响着高职学生学习质量，学校、教师、管理者、行业和企业及社会和家庭都对之需要承担不同程度的责任。其中，学校作为影响学生学习最重要的主体，应该努力创建适宜的校园环境促进学生将时间和精力投入各种活动中，以促进学生的发展。根据学生投入理论，学校对学生发展的影响程度可以用学生投入来衡量，学生投入越大说明学校环境越适合学生学习，如课程、教学和服务等满足学生需求，其学习质量也会得到相应的保证，因此学生投入可以作为反映学校教育质量高低的指标，甚至被认为可以作为评价21世纪学校教育质量高低的核心要素。可见，学生投入是刻画学习过程和反映学习质量的重要指标，以学生投入为观测点有助于对高职学生学习过程及质量影响因素有全面的认识。通过调查高职学生投入，可以对学生在学习过程中做了什么、学校为学生做了什么一目了然，根据调查结论，学生可以反思自己的学习，学校可以采取适当措施改善学习环境。

第三节　全面质量管理视角

全面质量管理是在20世纪60年代工业领域内出现的一种全新的质量管理理念和管理方法。起初因为教育界人士认为教育不能等同于企业，培养学生不等同于生产产品，对全面质量管理抱以抗拒心态，所以全面质量管理理论在1980年之后才被引入高等教育领域，而在学校管理层面的应用则是从20世纪90年代初美国社区学院和英国进修教育学院开始的。

一　全面质量管理的基本思想

全面质量管理的含义是一个组织以质量为中心，以全员参与为基础，目的在于通过让顾客满意和本组织成员及社会受益而达到长期成功的管理途径。① 全面质量管理的核心思想是质量与产品形成的整个过程的所有环节和整个组织所有员工有关。如果要提高质量,则需要整个组织所有成员关注生产的全过程。在教育领域中,全面质量管理是指人才培养过程中的任何环节都是全过程质量管理的要素,忽视任何环节的质量管理都会直接影响到整体教育质量的生成。因此,教育质量管理的对象应该从"教育结果"转变为"教育过程中的各个要素"。全面质量管理的核心思想可以概括为"三全一多","三全"是指全员性、全过程和全方位,即质量管理需要组织全体成员共同参与,质量管理理念的执行需要贯穿到整个质量生产系统全过程;"一多"是指质量管理需要采用多种先进的管理方法和技术手段。② "三全一多"是组织进行全面质量管理的出发点和落脚点。

二 全面质量管理视角有益于高职学生学习质量评估实现

(一)全面质量管理视角为树立高职学生学习质量系统化评估理念提供依据

根据全面质量管理的核心思想,高职学生学习质量的生成关乎学习活动的每个环节和每个参与者,尤其是作为学习质量最主要的责任者——学生。因此,高职学生学习质量评估应该树立以"学"为中心的系统化评估理念,包括学习输入、学习过程和学习输出,其主要表现为:全员——学校内部的任何一个人,包括学校领导、教职工和学生;全过程——从教育目标的分解与制定到学习活动的开展、到学习评估和反馈的执行,整个过程都事关学生学习质量;全方位——学生学习质量关系到整个教学系统,如课程、教学、管

---

① 马林、罗国英:《全面质量管理基本知识》,中国经济出版社2001年版,第31页。
② 同上书,第35页。

理和后勤服务乃至整个学校的氛围等各个环节；一多——全面质量管理是一种用多种技术手段和管理方法"达成或超越顾客期望"的系统化的方法。

全面质量管理理论纠正了将高职学生学习质量水平低归结于一线教师或学生自身的误解，其实学习活动的直接或间接参与者都是质量责任人。学校领导负责制定学校的发展目标和相应的制度政策，进行策略性教育质量管理活动。中层管理人员如院系主任是连接学校领导和一线教师的重要纽带，维持着学校工作的正常运转，如协调专业教师的意见和建议，督导其进行正常的教学工作等，一般管理者主要为师生提供服务，这是高职学生学习质量操作和质量保证的阶段。一线教师直接接触学生学习，其主要职责是设计教学大纲满足学生需求。学生是学习的主体，应该是学习质量的主要责任者。学校领导、管理者、教师和学生组成了高职学生学习质量的团队，团队成员之间必须超越各职责、同心协力、相互信任和相互沟通才能产生高质量的学习活动。学生作为学校的顾客，学校应该采取多种方法了解学生生活和学习的需求，然后通过教师和管理者的共同努力，创设多种课程、教学、管理、后勤服务和学校文化氛围等服务形式满足学生需求，从而改变"课堂教学质量就是学生学习质量"的不全面的看法，树立系统的学生学习质量评估理念。

（二）全面质量管理视角为高职学生学习质量评估实现提供指导

全面质量管理活动的过程是质量计划的制订和组织实现的过程，该过程的基本模式是按照PDCA循环持续地运行。P（Plan）表示计划——包括方针和目标的确定以及活动规划的制订；D（Do）表示实施——根据预定的目标和经过优选的方案，组织具体部门和人员进行具体运作，实现计划中的内容；C（Check）表示检查——根据标准和产品要求，对过程和产品进行测量并报告结果，明确效果，找出问题；A（Action）表示处理——对检查的结果进行处理，对成功的经验加以肯定并予以标准化，对于失败的教训也要总结，引起重视。对于没有解决的问题，应提交到下一个 PDCA 循环中去解决。PDCA 循环就是按照这样的顺序进行质量管理，并且循环不止进行下去的科学程序。

根据 PDCA 过程模式的计划、实施、检查和处理的循环圈，高职学生学习质量评估实现过程如图 2—1 所示：在计划阶段，学校根据高职教育的目标来定位学校的教育目标，进而细化为人才培养目标以及为达到人才培养目标的所有课程目标。在实施阶段，学生

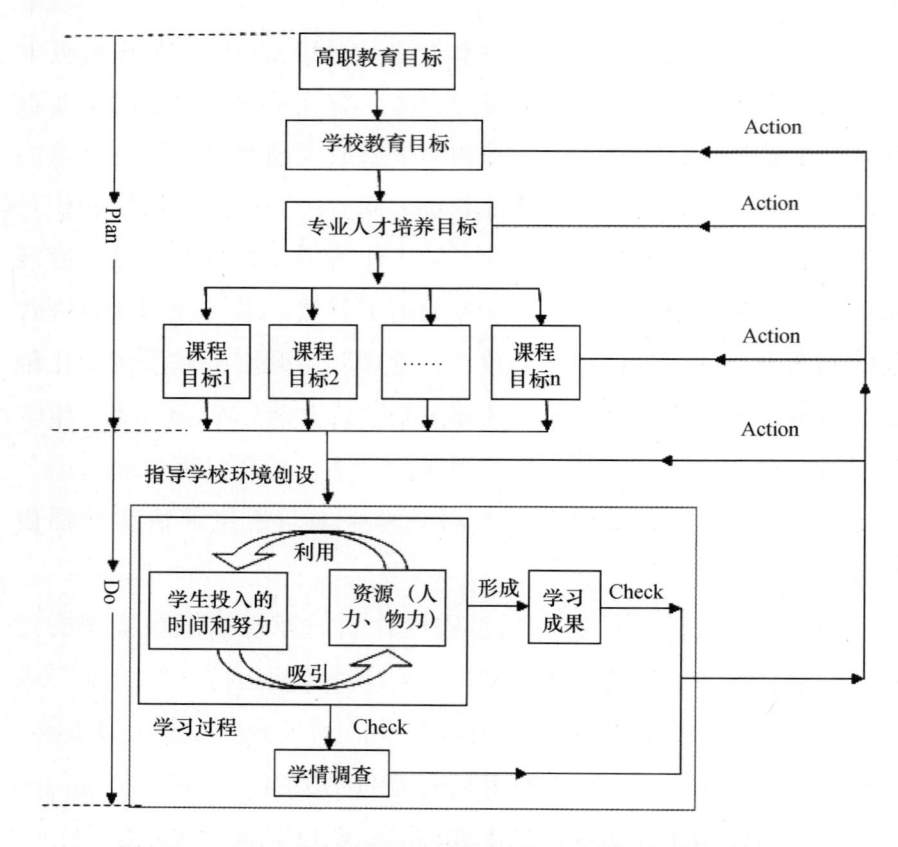

图 2—1　PDCA 过程模式在高职学生学习质量评估实现中的应用

利用学校环境的资源，在教师的引导下投入时间和精力参与学习活动，并形成学习成果和学习经验等。在检查阶段，对学生学习成果和学习过程进行评估，以展现学校的绩效水平，同时发现学生学习中存在的问题。在处理阶段，对出现的问题进行补救和改进，保证学习质量的持续改进，对所取得的成功经验加以肯定，形成下次质量循环的基础。这为后续研究高职学生学习质量评估分为学校层面、专业层面和课程层面提供依据。

1. 计划阶段

教育目的宏观抽象，只是规定了社会发展所需要的人才的总体方向。为了实现教育目的，需要将其细化为各级各类教育目标，在日常教学实践中，将教育目标进一步细化为人才培养目标、教学目标、课程目标和学生学习目标等，便于操作和实现。高职教育的根本目的是培养人，为社会发展培养人，其教育目标源自社会经济、政治、科技与文化的需求。教育部或相关教育研究部门根据对社会经济、政治、科技与文化的实践进行实地调研，结合人发展的根本规律，制定出符合国家需求的教育目标，教育目标往往比较宏观难以直接应用到教育教学中，但它是高校开展教育教学活动的基本依据，也就是说各种教育教学活动必须在此范围内开展。高校根据自身的实际情况，结合高等教育目标制定出本校的教育目标，一般会突出本校的特色，如具有工程类、职业类、艺术类等特征。这通常是由校级领导、管理人员与专家协商结合本校历史、资源和定位而制定的。专业人才培养目标是学校教育目标在各专业领域内的具体化体现，由学科专家和教育专家交流协商制定而成。达到人才培养目标需要许多课程承担，这些课程是从广义上定义的，即包括显性课程和隐性课程，显性课程如构成专业的某些具体课程，大部分学校比较重视显性课程的设置和教学，而忽略了隐性课程建设和它的重要作用。课程目标的设置是由任课教师或与学科教师共同研究而定。这个阶段是制订学习活动的前期准备阶段，隐含的假设是高职教育目标，是科学合理的，上一级目标可以被分解成下一级目标，那么逆序而言，从下而上，目标可以被逐一逐级实现，如果完成了专业规定的多门课程目标，那么就意味着达到了专业人才培养目标，达到了学校教育目标并获取学历，从而达到高职教育目标，实现满足社会需求的使命。

2. 实施阶段

实施阶段是前期计划的具体实施过程。在人才培养目标的指导下，学校对学习环境进行总体规划和建设，立足点是以学生为中心。学校投入大量的资源（包括人力资源和物力资源等），并根据学生的特点对这些资源进行设计，以吸引学生参与其中。学生学习过程就是学生投入时间和精力到资源中，与资源互动形成学习成果和学习经验的过程，其中"以学生为主体，以教师为主导，以学习目标为指引"的思想贯穿整个学习过程。

3. 检查阶段

检查阶段是对实施阶段即学生学习阶段的检查和评估，找出哪些学习环节出现了问题，是教师引导的问题，还是学生学习主动性不够，又或是目标制定的问题等。对具体的学习成果进行评估，判断是否达到了相应的目标，这属于结果评估；对学习过程则通过问卷调查或是访谈等手段进行学习情况调查，使其学习过程的全景再现，这属于过程评估。采用结果评估和过程评估两种方法会使人们对学习质量有更全面的认识。戴明认为质量失败的归因分析有助于质量的改进，他将原因分为普遍和特殊两类。普遍原因可以归因于系统失效，特殊原因则是来自系统之外。在教育中，普通原因可能是课程建设、建筑、工作环境缺乏必要资源及员工发展不足等，这需要改进重组及重新设计系统与程序，特殊原因通常是因为没有遵守或坚持程序与规则而引起的，这并不需要重新制定政策或重新设计系统，这两种情况都需要管理层找出适当的解决办法。而教育实践中往往由犯错的个人去解决，努力无效后，会挫伤教师的积极性。因此，全面质量管理强调成功的质量改进需要管理阶层投入。

在任何质量保证程序中，建立有效的回馈圈是非常重要的，评估是个连续的过程，贯穿于学习过程的始终。评估有三个层次，即时评估、短期评估和长期评估。即时评估大多是教师个体进行的且多是非正式的评估。短期评估需要有组织的、比较明确的评估方式，可作为质量控制的方式，将错误与问题都凸显出来，确定行为的改正，防止学生课业表现不佳，成绩不合格。长期评估主要是组织导向的评估，需要许多有关顾客态度和满意度的评估。每个阶段的评估功能不同，但都是为了防止错误再度发生，其主要目的是确保学生学习都朝预期目标前进，可惜的是，教育评估只能用来为未来改进提供依据而对已经发生的却是于事无补。

4. 处理阶段

处理阶段是将检查阶段的结论反馈给教育教学各环节，针对前一阶段的检查结果采取相应的措施巩固成绩，把成功的经验尽可能纳入标准，即把教师教学实践中所获得的成功经验提升到标准和理论层次，并加以推广；其结论可以用来指导学校环境的创设，可以用来修正课程设置、课程目标、专业人才培养目标以及学校教育目标等。经过一次 PDCA 循环过程，学生学习质量问题得以解决，质量水平得到提高，从而跨上更高一级台阶，并在此基础上开始下一个 PDCA 循环，如此循环，学习质量将呈现持续改进状态。

研究视角是研究者开展研究所处的角度，其背后蕴藏着相应的理论思想，这是进行任何科学研究的基础。多视角研究能把问题理解得更全面。本章根据研究主题，选择建构主义视角、个体—环境互动视角和全面质量管理视角作为研究角度。每种视角都贯穿整个研究，各有侧重，其中，建构主义思想强调学生的主体性活动，为分析高职学生学习质量及其生成提供了新的切入点——学习活动，从学习活动的内容、过程、方式和结果四个方面研究学习质量，这为后续学习质量评估内容提供了选择范围，此外，建构主义思想为学生参与高职学生学习质量评估提供了理论依据。个体—环境互动理论是从环境视角分析高职学生发展，高素质技能型人才的培养目标使高职教育教学更加强调环境的重要性，对高职学生学习质量的评估应该关注学生学习与环境之间错综复杂的关系。学生投入作为个体与环境互动质量的反映，在一定程度上代表着环境满足学生需求的程度，因此开展高职学生学习质量评估需要调查高职学生学习基本情况。全面质量管理思想为高职学生学习质量评估提供了系统化评估理念和分层评估实现的依据。

第三章

高等职业教育学生学习质量解析

随着高等职业教育质量保障运动开展的深入，学生学习质量作为学校育人效果的真正体现和学校教育质量最直接的证据，日益引起了政府、社会和高职院校的关注。截至目前，高职教育质量一直是学术界研究的焦点，但是对与之联系紧密的高职学生学习质量的理论研究却着墨不多，而其又是进行高职学生学习质量评估的基础，因此，高职学生学习质量的理论研究迫在眉睫。笔者在本章将对高职学生学习质量的概念及其特性、高职学生学习质量生成及其影响因素和质量表达进行探索，为高职学生学习质量评估奠定理论基础。

第一节　高职学生学习质量

学生学习质量是教育质量的核心，研究课程和教学以及加大教育资源投入等这些学生学习外围的工作皆是为了保证和提高学生学习质量。通过文献搜索可知直接关于"学习质量"的文献不多且质量不高，关于教育质量的文献可谓是连篇累牍，其中多数是从"教"的视角论述的。其实学生学习质量实质上是从"学"的视角来论述教育质量，所以研究教育质量的文献是研究学习质量的主要源泉之一，学习质量或许只是潜藏于教育质量文献中的字里行间，又或许只有只言片语，因此，追寻学习质量的概念及内涵则需要投入大量的时间和精力对此进行斟酌鉴别。没有准确的概念，明晰的思想和文字也就无从谈起[①]，概念是开展研究的基础，本书从考察质量和学生学习质量等核心概念着手，结合高职学生学习的特点对高职学生学习质量概念进行探索。

一 学生学习质量及其特性

（一）质量的概念

提起学生学习质量，众说纷纭，很多人将其等同于学习成绩、学习效果、学习成就等，其中将学习质量等同于学习成绩最为常见，其实这些概念只是与学习质量内容上存在部分交叉，并不能与学习质量相互替代。为了澄清学习质量的概念，我们需要先考察"质量"的概念。质量作为学习质量的上位概念，是研究学习质量的前提和基础。质量作为事物本质的一部分，常见但不易言明和理解，正如"质量和公平一样是很难被定义的"[②]。质量的普遍性使得各个学科对之颇为关注，这就使得质量概念变得复杂多样。

管理学认为质量是活动或工作的有效程度，如国际标准化组织所制定的 ISO8402—1994《质量术语》认为质量是反映实体满足明确或隐含需要的能力的特性总和。[③] 我国的 GB/T19000—2008 中认为质量是一组固有特性满足要求的程度。可见，质量概念有特性说和程度说，特性说侧重揭示质量是不同于其他事物的内在规定性，关乎有或无，是或不是的问题；程度说则具有鲜明的价值判断，关

---

① [德]沃尔夫冈·布列钦卡：《教育科学的基本概念——分析、批判和建议》，胡劲松译，华东师范大学出版社2001年版，第1页。

② Diana Green, *What is quality in higher education*, London: Society for Research into Higher Education & Open University Press, 1994, p.9.

③ 刘广弟：《质量管理学》，清华大学出版社1996年版，第44页。

乎高低优劣的问题，含有比较的意思。教育界释义的"教育质量"倾向于"程度说"，瑞典教育家托斯坦·胡森和我国学者朱益明的观点均属于此类，是对教育特性满足主体需要的程度描述。心理学认为质量是顾客对产品或服务及其提供者的满意程度[1]，即质量是顾客对产品或服务的主观体验。

综上可见，质量不仅是事物的客观存在，也是主体对事物的主观感受。因此质量是事物主客观规定性的量度表达，即质量是"实体特性"与"主体需要"比较的结果和过程。在两者比较的过程中，如果选择的参照点不同就会得出不同的质量结果，比如，同一实体对不同主体而言其质量不同，同一实体对同一主体的不同时期而言其质量不同，因为主体的需要是动态的、发展的和相对的，会随着时间、地点、环境的变化而变化。实体特性与主体需要都是动态变化的，因此，质量的比较过程是复杂的。质量的复杂性带来了认识和理解质量的困难，但其并不是不可认识，关键是要理解实体特性和明白主体需要，质量是二者关系的表达，离开任何一个，质量将不复存在，因此把握质量应该从二者的关系着手。

（二）学生学习是一种特殊的认识活动

建构主义学习理论从心理学角度解释了人是如何学习的内在机制，但是没有揭示认识主体实现意义建构的途径。从心理学领域看，学习的含义有三种观点：结果论、过程论和活动论。结果论认为个体的学习必须产生一定的结果，其中包括外部行为的变化和内部认知的变化；过程论则强调学习发生过程的状态；活动论是综合结果论和过程论，认为学习是人类的一种认识活动，它应该包括活动的结果和过程。哲学上认为活动是主体通过有目的地与客体相互作用以满足自身需要的过程，可见，活动是主体进行意义建构的基

---

[1] 李正权：《质量心理学概要》，经济科学出版社2012年版，第5页。

础和主要途径，学习是一种认识活动，其活动的过程更符合个体认识世界的真实情况。

在教育学领域，学生学习活动是一种特殊的认识活动，是学生个体在教师指导下，通过认识客观世界和掌握人类历史经验而达到自身发展的特殊认识活动①，进一步而言，学生通过掌握学习内容达到对客观世界的认识，从而达到增强认识和改造客观世界的能力，最后实现主体客体化和客体主体化的统一。之所以特殊，首先是因为学习活动的内容是教师从人类长久积淀下来的知识文化中精心筛选和设计的典型的知识和技能，拥有这些知识和技能足以让学生适应社会和改造社会，虽然对于学生而言是新知识，但对于人类而言并不是新知识。其次，学生的学习方式是在教师的引导下间接地而非学生独自直接地认识客观世界，"每一个体都必须亲自去体验，这不再是必要的了；它的个体的经验在某种程度上可以由它的历代祖先的经验的结果来代替"②。最后，学生学习不是为了人类知识的创新而是为了提高自身的身心发展，从而提高自身适应社会和改造社会的能力，教师的教则是为了全面和高效地帮助学生学习和提高自身素质。学习是学生（主体）与客体的一种相互作用的活动，是主观见之于客观的过程，是学生运用主观世界反映客观世界的过程，是学生通过学习活动来认识和反映客观世界，并获得关于客观世界的知识经验同时改造着自身的主观世界的过程。

（三）学生学习质量

质量最初是用来描述产品的，后来才逐渐延伸到服务、人员以及活动、组织等领域乃至它们的结合。学生学习作为一种有目的的活动，自然也存在质量，其质量对象是学生学习活动。依据质量是

---

① 桑新民：《学习科学与技术——信息时代大学生学习能力培养》，高等教育出版社 2004 年版，第 64 页。

② 《马克思恩格斯选集》第 3 卷，人民出版社 1972 年版，第 564—565 页。

事物主客观规定性的量度表达,那么学生学习质量是对学习活动的主客观规定性的量度表达,是学习活动特性满足学生明确或潜在需要的程度。学生对学校教育的需要主要源自人的基本需要,包括职业需要、成就需要、求真求善需要、安全需要和社交需要,其中职业需要是指学生在社会中谋求职业的需要,这是个体最基本的生存需要的反映,因为知识、技能和能力是当下社会谋求职业的基本条件。成就需要是指个体具有谋求较高社会地位的需要,凭借自己的知识和能力为社会做出贡献,从而实现自己的理想,获得别人的尊重。求真需要是一种认识的需要,表现为学生追求事物本质和真理,求善需要表现为学生追求自身道德与人格的完善。在学生的这些需要中,前三种占较大比例,其中职业需要和成就需要具有功利性,求真求善需要具有非功利性。质量是质与量的统一,学习要满足学生身心发展,这是对学习质量质的规定,学习满足学生身心发展的程度就是其量的表现。

学生学习质量的内涵:(1)学习质量直接体现为学习活动的过程和结果满足学生提升自身素质的需要的程度,其通常表现为学生对学习过程的主观感受和学习成果达到预期目标的程度。(2)学生学习质量主要包括学习活动的内容、结果、方式和过程等满足学生需要的程度,这些是教师从人类知识经验中精心筛选、设计和安排的,同时也受到学校教学条件的制约,是学生在教师引导下与学习内容、教师、同伴及周围环境相互作用形成的。(3)学习质量是学生学习前状态与学习后状态的一种比较,比较的结果正好体现了学习活动的效能,体现了学习使人素质增值的作用,这是一种客观存在的质量。学生学习后的结果状态与预期目标状态比较是一种目标达成度的质量,体现了教育服务的效度,预期目标可以是学校制订的,也可以是学生自身需要的反映,前者体现了学习质量的客观存在,表现为学习成果与预期目标的比较,后者则体现了学习质量是学生的一种主观感受，表现为学生对学习过程和结果的满意程度。学生满意度涉及学校所提供的教学过程、教学服务和学习支持而非学术性，是教育质量的重要体现。

学生学习质量的基本特征包括：（1）学生学习质量具有异质性。学习活动是学生对外部客观世界的能动反映，每个学生的主观能动性的发挥程度不同，学习活动具有个体性特征，因此学习质量具有异质性。（2）学习质量具有复杂性。学习质量是对学习活动质的内涵的量度表达，学习内容、结果和过程的显性特征和隐性特征等诸多因素增加学习质量表达的复杂性。（3）学习质量具有生成性。学习本身就是一种变化，学习后的结果状态及其期望均处于不断的变化中，因此学习质量是动态的不断生成的。（4）学习质量具有层次性。学习是学生提升自我的一种活动，学生是活动的实施者和受益者，学生学习的出发点是来自个人需要和渴求，根据马斯洛需要层次理论，人学习需要的层次越高越强烈，学习质量将越高。

（四）学生学习质量特性

学习质量特性是指与学生需要有关的学习活动的固有特性。学生学习质量特性包括：（1）学生学习质量具有功能性。功能性是指学习及其结果能够发挥应有的功能和作用，学习能够提升自身素质，如在教师的帮助下，学习活动应该能够满足学生追求知识、获取知识和能力的需要，进入高一层次学习阶段，能够胜任岗位工作等。这通常表现为学习成果达到某种教育标准。（2）学生学习质量具有文明性。文明性是指实体特性满足消费者在接受服务过程中精神需求的程度。学习是学生通过认识和理解外部世界获取经验和知识从而身心得到发展的过程，因此学习活动应该能满足学生精神需求。（3）学生学习质量具有经济性。经济性是指消费者为得到服务所需费用的合理程度，包括人力、物力和财力，其实质就是各种投入。学生参与学习活动需要投入时间和精力，因此学生需要考虑其投入与产出的关系，表现为学习效率等。产出与投入比越高，那么学习质量就越高，反之则低。（4）学生学习质量具有舒适性。舒适性是指实体能够满足消费者在接受服务过程中感到舒适的能力。比如，学校能够使学生在课堂学习中感到舒服和愉快，在学校环境中没有焦虑感和压抑感，能得到公正公平对待等。（5）学生学习质量具有时间性。学生是在规定时间内完成学校规定的内容并达到相应标准，因此需要学校能够满足学生的时间需要，比如学生有疑难问题能够及时得到帮助、教师准时上课等。（6）学生学习质量具有安全性。安全性是指学生在学习活动中的生命和财产不受伤害和损失。学校学习是在教师指导下对人类经验的间接认识，通常活动的场所和设施都是由学校提供的。（7）可信性是指学习活动结果让学生感觉可靠真实。与学生相比，教师的知识和经验在质和量方面都占有优势，可以满足学生的可信性需求。其中，功能性和文明性是学生学习质量最基本的特性，是与学习结果相关的特性，功能性是满足学生学习和成长所需要的知识和能力体现，文明性是学校满足学生精神需要的体现。经济性、舒适性、时间性、安全性和可信性是与学习过程相关的特性，这些可以由教师对学习内容和方式进行把关、设计和实施以满足学生的需要，这些特性决定着学生学习效率和学习满意度的高低。

二　高职学生学习质量及其特性

高职学生学习质量作为学习质量的下位概念，是指高职学生学习活动的特性满足高职学生需要的程度。高等职业教育属于高等教育和职业教育融合的产物，其目标是培养适应生产、建设、管理与服务第一线，德、智、体、美全面发展的高素质技能型人才。与其他教育类型相比，高等职业教育以培养高素质技能型人才为目标，这决定了人才的培养规格，决定了高职学生特有的知能结构，如高职学生应该具备适量的理论基础、专业知识面宽广、综合运用理论解决问题的能力强以及组织管理能力。[①] 高职学生的知能结构决定了其课程结构、课程内容、教学方法、教学策略、教学服务、教学质量评估的重点与普通教育会有所不同，这种不同反映在学习中表现为学习内容、学习方式、学习过程和学习结果不同。因此，高职学生学习质量具有自身独有的特性，这些特性实质是学生学习质量特性在高职领域中的具体化。

（一）高职学生学习活动决定了学习质量的职业性和实践性

学生学习是一种特殊的认识活动，是主体对客体能动反映的过程，其中客体是教师从人类知识文化经验中精心选取的内容。高职教育的主要目标是培养学生的实践能力，这决定了其学习内容主要是从人类积累的知识文化经验中选取的、以实践为逻辑中心的技术知识，其中包括技术实践知识和技术理论知识，前者是直接控制技术过程的要素，呈现为过程性和动态性，后者是理解技术过程的要素，呈现为符号性和静态性。[②] 技术理论知识是为了促进对技术的理解，因此，评估技术理论知识掌握的程度是以促进技术实践知识的掌握为基本标准，这与普通教育追求的学科的完整性和系统性显然不同。这些技术知识是培养学生知识、技能和素质等实践能力的基本依托，是学生从事工作岗位的基本条件，是影响高职学生学习质量的重要方面。

高职学生学习内容的技术性和职业性决定了其学习方式和学习过程的实践性。高职学生学习方式以"做"或"工作"为主，以记忆为辅。高职学生的学习方式和学习过程是紧密联系的，如"做中学"，"做"是学习的方式也是对学习过程的描述。几乎所有的

---

① 杨金土等：《论高等职业教育的基本特征》，《教育研究》1999 年第 4 期。
② 徐国庆：《实践导向职业教育课程研究：技术学范式》，上海教育出版社 2005 年版，第 129—138 页。

学习都是基于情境的①，高职学生学习内容中的技术理论知识是高度情境依赖性知识，其完整的意义建构离不开情境的支持，如护理专业知识的学习离不开护理病人的真实情境或模拟情境；技术实践知识本身的动态性和过程性决定了其习得和运用的情境性和实践性。学生学习本质上是一种认识活动，其中也包含着实践活动和自我反思活动。高素质技能型人才培养的目标决定了实践活动在高职学生学习中占据重要地位，主要服务于学生学习知识和认识客观世界而不是改造客观世界，是学生学习质量的有效保证。学生的学习活动是主客体相统一的过程，既达到了改变客体的活动目标，又改变和完善了自身，活动结构内化为主体相应的能力结构②。为了有效地培养高职学生的实践能力，学校和教师则需要以学生原有相关实践经验为基础，为学生提供与实践能力结构相匹配的学习活动。高职教育更加注重职业能力的培养，其学习活动通常是实践—认识—再实践的结构。可见，实践是高职学生学习活动的起点和归宿，在高职学生学习中占有重要地位。

高职学生学习结果是学生在教师的引导下通过某些学习方式与学习内容相互作用的结果，是学习活动的产物。高职学生学习结果表现为学生在知识、技能和素质等方面的变化，这些知识、技能和素质融合一体形成综合职业能力，通常表现为能够将已完成的设计、计划和决策转化成产品，具备理论技术、经验技术、智力技能和动作技能等素质。高职学生学习结果是学生胜任工作岗位的基本能力要求，是学生在社会中谋求职业的基本前提。

高素质技能型人才的培养目标决定了高职学生学习内容、学习过程、学习方式和学习结果的职业性和实践性特征，高职学生学习

---

① ［美］约翰·D. 布兰思福特等：《人是如何学习的》，程可拉等译，华东师范大学出版社 2002 年版，第 10 页。

② 王策三：《教学认识论》，北京师范大学出版社 2002 年版，第 41 页。

质量体现为学习内容、学习过程、学习方式和学习结果满足高职学生需要的程度，因此高职学生学习质量具有职业性和实践性特征，这是学生学习质量功能性在高职学生学习质量中的体现，职业性和实践性为高职学生学习质量评估指明了方向。

（二）高职学生需要的多样性体现了学习质量的人文性

学生需要得到满足的程度将直接影响到人才培养的质量和教育目标的实现。美国心理学家马斯洛的需要层次理论将人的需要从低到高依次分为生理需要、安全需要、社交需要、尊重需要和自我实现需要五类，其中生理需要、安全需要、社交需要属于低级需要；尊重需要和自我实现需要是高级需要，自我实现需要是个体潜力和创造力得以充分发挥，它更多地表现为个体对精神的追求。高职学生与其他个体一样具有基本的谋生需要和自我实现的需要，这五类需要集中表现为职业需要、成就需要、求真求善需要、安全需要和社会需要。可见，高职院校不仅要培养学生谋生的某种职业的硬技能，而且还要培养其适应多种职业的综合能力，从一次性就业的终结性教育转向适应多变性岗位的终身教育，为学生的谋职就业、继续深造和一生发展做好准备。高职学生自身并不能对知识和技能的有效性做出正确判断，只是很期待所学的内容对当下和未来有价值并且要学得会，因此教师要对学生学习做出适时引导，为长期的学习愿景做好准备。高职教育在授予学生谋生能力的同时，应关心学生精神世界的建构，关注学生的个性发展，促进其精神成长，以满足他们自我实现的需要和追求高质量生活的需要。可见，满足高职学生学习需要的多样性和动态性的程度是学校践行以人为本理念的表现，是高职学生学习质量人文性的体现，同时也是学生学习质量文明性的具体体现。

通过上述分析，可见学习质量的功能性和文明性在高职学生学习质量中具体化为职业性、实践性和人文性，体现了高职学生学习活动具有提升个人综合素质的功能。如果高职学生学习质量离开职业性和实践性，则不能突出高职培养高素质技能型人才的特色；如果高职学生学习质量离开人文性，学生将无法实现个人的全面发展，高职教育会沦为培养工具的活动，会因此丧失了教育育人的使命。虽然人文性并非高职学生学习质量的独有特征，但是其着重体现了高职教育的育人特征，以此区别于职业培训。此外，高职教育很容易因其强调职业性和实践性而忽视了人文性，其实三者是对等的，三者相互配合达到平衡才能得到较高的学生学习质量。学习活动在教师的帮助和引导下，在学校提供必要的教学条件和服务下得以开展，它应该满足学生谋求职业的需要，如知识、技能和素质达到所规定的某种职业人才标准，还应该满足学生成长的需要。

第二节　高职学生学习质量生成过程

高职学生学习质量的概念、内涵和特性是对学生学习质量的抽象解读，有助于加深对高职学生学习质量的理解和认识。但是如果要改进学生学习质量，则必须对其生成的过程及其影响因素有所了解。质量生成过程是质量生成各相关要素之间相互作用的过程。高职学生学习质量生成就是学习活动各相关要素之间相互作用的过程。学生学习质量是学习活动的成果，学习活动是围绕着"知与不知"的基本矛盾通过主体与客体持续互动而形成的，是主体客体化和客体主体化的统一，是围绕着"学生现实状态与预期目标状态"的矛盾，通过学生与教师、课程和学校环境等的持续互动实现的。高职学生学习质量一般是围绕着学生的现实状态、可能状态和应然状态三个向度展开，教师的"教"和学生的"学"应该从现实状态的向度出发，努力达到可能状态的向度，趋近并实现应然状态的向度，如此循环，学生学习质量才能不断生成和提高。

一 高职学生学习活动的构成

与广义的学习不同，高职学生学习是教师教学生学习而不是学生完全自学。学生是学习活动的主体，教师是学生学习的主导。但是因为长期以来人们主观上将学生置于被动接受的地位，所以学生的主体性被忽视了。在教学中，只有承认了学生是学习真正的主体，才能正确找到教师的主导地位和主导作用。[1] 建构主义学习理论强调学生的主体性，学习活动是学生的主体活动，可以分为外部学习活动和内部学习活动，外部学习活动向内部学习活动转化称为内化建构过程，内部学习活动向外部活动转化称为外化建构过程，两类活动及其相互转化构成了完整的学习活动，它们之间并没有明显的界限，而是相互融合同时发生的。

（一）外部学习活动

学生外部学习活动是指学生对特定客体的感知、操作、言语等感性的实践活动，其目的不是为了改造客观世界，而是通过外部学习活动加深对客观世界的认识。外部活动主要包括感知活动、操作活动和言语活动。[2] 感知活动是依靠感官获取信息的活动，这是最基本的外部活动。操作活动是学生转变现实事物的活动，包括肢体活动、做实验、做标本以及对文字重新编写等。言语活动是指学生阅读和表述的活动，是学习中最常见的外部活动。高职学生学习中最主要的是操作活动，通过教师设计和安排的操作活动，学生能获取和积累相关的实践经验，这是高职学生学习的重要基础。

外部学习活动是高职学生学习的基础，是教师根据特定内容、

---

[1] 王策三：《教学认识论》，北京师范大学出版社2002年版，第26页。
[2] 同上书，第222页。

特定目的对学生进行特定设计和安排的活动，具有较强的典型性和目的性，是教师促进学生学习的重要手段。因此，在学习过程中占有非常重要的地位，同时受到很多教育家和心理学家的重视，比如杜威强调的"做中学"，夸美纽斯重视学生的感知活动，维果茨基强调外部活动在人高级心理机能形成过程中的作用等。外部活动是联系学生、教师与学习内容的桥梁。其中，学生是主体，学习内容是客体，教师是"学生认识学习内容"这一活动的指导者。外部活动是学生与学习内容互动的过程，学生对学习内容的掌握即客体主体化，学生在对学习内容的转变和改造中实现自身价值，即主体客体化，可见外部活动是主体与客体统一的基础。外部活动不但是学习的基础，而且还是巩固学习成果和检验学习成果正确性和有效性的基础。

（二）内部学习活动

皮亚杰认为所谓的内部活动是由语言和表象性概念所形成的活动。与一般的内部活动相比，内部学习活动是为了完成某种学习目的而进行的观念性活动。与外部学习活动相比，内部学习活动的对象是观念性事物而非外界实物。内部学习活动包括智力活动和非智力活动，其中智力活动是学生对学习内容的观念性把握，非智力活动是学生对内在动机和外在行为的情感体验，其中智力活动为学生非智力活动指明了方向，非智力活动为学生智力活动提供了求知动力。学习是对事物从感性认识上升到理性认识，是智力活动和非智力活动相互协调、相互渗透、共同发挥作用的过程。可见，学生内部学习活动是指学生通过心理表象和符号操作等观念性事物进行的非智力和智力的综合活动。

内部学习活动是学生将感性认识转化为自身内在能力结构的过程，是外部学习活动内化的结果。学生的内部学习活动会对教师教授的知识或学习内容进行选择和改造，如会对自己感兴趣的内容投入更多时间和精力，对不感兴趣的内容可能就毫无印象。学生学习是从感性认识上升到理性认识，从理性认识再到应用于实践的过程，整个过程都离不开内部学习活动对学习内容的加工和改造，教师需要根据内部学习活动的情况建构外部学习活动以达到促进学生发展的目的。此外，内部学习活动由于活动内容的观念性特征而能够独立于外部学习活动，例如，学生可以在头脑中进行关于客体的观念性活动，可以想象现实中并不存在的理想过程，还可以撇开认识事物的干扰因素，从而加深对事物本质的认识。

（三）外部学习活动和内部学习活动的区别和联系

学生完整的学习活动包括外部学习活动和内部学习活动，两者既有区别又有联系。在学生学习过程中没有纯粹的外部学习活动和内部学习活动，两者通常是交融一体且处于不断相互转化过程中。外部学习活动是内部学习和活动的基础，内部学习活动是外部学习活动的目的和归宿，是外部学习活动内化的结果，即知识与能力的吸收和内化，是客体主体化的结果，内部学习活动又通过外部学习活动而外化，就是通常所说的知识运用和能力展现，是主体客体化的结果。外部学习活动和内部学习活动的双向转化是知识与能力的内化和外化过程，是知识与能力习得和运用的过程，最终两者形成类似的结构。两者在过程和结果上略有区别，外部学习活动更趋向于具体、显性和有形，内部学习活动更趋向于抽象、隐性和无形。在学生学习活动过程中，并非是学生独自在完成这些活动，而是由教师有计划、有目的和有意识地建构外部学习活动以促进两种活动的双向转化，促进学生知识的获得和运用，最终实现个体发展的目的。为了提高学生学习的质量，教师需要对学生主体外部学习活动和内部学习活动及其相互转化的规律进行深入研究。

二 高职学生学习质量生成过程分析

任何学习活动都是围绕着"不知到知"展开的，这是学习活动中的基本矛盾。与普通教育不同的是，职业学习活动不再是一个从"不知到知"的过程，而是一个从"门外汉到专家"的发展过程[①]，从"略知到知"的过程，学生在学习前都或多或少地接触过职业内的活动，对其有着或错或对的印象。师生共同努力解决基本矛盾，教师围绕着这个基本矛盾，依据职业学习规律和高技能人才成长规律进行教学设计，在必要时给予学生引导，学生则围绕着这个基本矛盾努力学习，学生通过发挥主体性对学习内容进行能动的反映和建构使之转化为个人的知能结构，从而实现自身的发展。当矛盾解决后，那么学生的知识、技能和素质等都将得到提升，这就是学习质量的表现。同时，新矛盾将成为下一学习活动的基本矛盾，重新开始上述循环，周而复始，学生学习质量不断得到螺旋提升。

（一）高职学生学习质量生成的要素

高职学生学习活动是一种主客体相互作用的过程，其中主体是学生，客体是学习内容，是教育者精心选择的人类文化知识经验，具有明确的目的，在学习中以课程的形式出现。与一般的认识活动相比，学生这一主体所具备的认识能力是有限的，所以学生学习活动中除了主体（学生）与客体（学习内容）之外，还需要教师对"学生与学习内容相互作用"这一活动进行引导，其目的是使主客体相互作用的质量更高，但同时也会使学习活动中的主客体关系变得更加复杂。学生、教师与学习内容三者之间两两相互作用的发生都是以学校环境为依托。学校环境中的教学媒体、教学设施、校

---

① 赵志群：《职业教育与培训学习新概念》，科学出版社2003年版，第88页。

风、学风等各种硬环境和软环境要素都是学校管理者和教师人为创建的为了促进学生学习和发展的条件，但不如课程开发和实施的目的性直接和明显。可见，高职学生学习是发生在特殊的环境中，由教师专门指导，选择专门的学习内容的一种特殊认识活动。由于学生主体性的存在，所以学生学习质量主要取决于学生自身努力，但是也会受到教师和学校环境的制约。学习内容是取得学习质量生成的重要保证。学校环境是学习质量生成的条件，学校环境及其规章制度对学生的影响主要依靠教师进行传递和发挥作用，因此教师对学生学习质量具有决定性影响，教师是通过引导和控制学生与客体的关系间接影响学生的发展。这些质量要素的专门性和特殊性，都是为促进学生快速高效地掌握人类的文化知识经验，是学生学习质量生成的有效保障。

（二）高职学生学习质量生成的具体过程

高职学生学习活动是师生围绕着学生的"初始状态与可能状态"进行展开的，经过螺旋上升最终指向"具备胜任工作的能力"的理想状态。教师以学生具有的相关实践经验为起点，以岗位所需知能为目标，依据技术知识的内在逻辑结构和职业教育教学规律设计和实施教学目标、教学内容、教学方法和教学过程，学生则按照教育目标的要求，在教师设计的学习情境中，依据教师设计好的行动逻辑学习教师规定的内容。

高职学生学习过程是经过教师设计的典型的工作过程，与真实的工作过程略有不同。典型的工作过程是为了促进学生学习，真实的工作过程是为了生产。典型的工作过程是一系列工作任务组成的，通过完成工作任务来学习相关内容，形成学做一体。威廉姆斯认为技术对学生学习而言是一种技术理论知识和技术实践知识整合的活动。学生在教师按照技术知识包含的活动方式设计的学习情境中进行外部学习活动，在教师的讲解、实物演示或操作等教学方法的配合下，通过对实物的感知和操作等行为进行具体动作思维，获得对实物的感性认识，了解技术实践知识包括技术规则、技术情境和技术操作等①，形成相关的实践经验，这是学习开始的起点。进而从技术实践中抽象其相关技术理论，脱离直观思维，借助心理表象进行思维，最后形成相关技术理论知识的观念性操作，经过自我反思活动，将实践经验融入技术理论的框架中，从感性认识上升到理性认识，形成技术知识的内化，是技术实践知识和技术理论知识的思维层次的整合。高职教育最终是培养学生的实践能力而不是掌握技术知识，是需要外化表现出来的。学生内部学习活动的外化是指已经掌握的知识和能力等观念性的事物用语言、行为或实物化的形式展现出来的过程②，是理性认识应用于实践的过程，是技术实践知识和技术理论知识实践层次的整合，表现为学生的实践能力。最初外部活动所获得的技术实践知识是学生学习的基础，而后技术实践知识和技术理论知识思维层次整合和实践层次的整合实质上是两者双向转化的表现，是学生实践能力融合过程的解析，是学生学习质量生成的过程。

  需要注意的是，在技术知识内化的过程中，学生的主观能动性会使学生对教师提供的学习内容进行选择和加工，其程度取决于学习内容与学生之间的价值关系和学生所具备的知能结构，如果学生认为学习内容很有价值并且自身具备足够的知能结构，那么就会对学习内容进行更为深刻的加工，相应地学习质量会更高。可见真正决定内化哪些学习内容和内化的程度是由学生本人决定的，而不是由教师决定的，教师只能促进学生内化而不是代替学生进行技术知识内化。与知识内化过程一样，知识外化同样离不开教师的帮助，

---

① 徐国庆：《实践导向职业教育课程研究》，上海教育出版社 2005 年版，第 133 页。
② 王策三：《教学认识论》，北京师范大学出版社 2002 年版，第 235 页。

教师要创设学习环境和设置诱因帮助学生积极主动地进行技术实践知识和技术理论知识在实践层面的整合。因此为了提高学习质量，教师要根据学生需要和学生特点进行教学设计，设置各种诱因激发学生的学习动机和求知欲，力求将教育目的转化为学生内在的学习目的，促进学生积极主动地与客体建立相关意义。

学生从技术实践经验、技术知识内化到技术知识外化为实践能力的过程中，由于学生主体性的存在会使知识的量在每个阶段的输入端和输出端并不相等，从而出现学生学习质量衰减，所以学习质量不仅取决于教师教了什么，更取决于学生学会了什么，不仅取决于教师怎么教，更取决于学生怎么学。从理论上讲，学生学习质量应该等同于学生内化的技术知识质量，但因隐性技术知识的抽象性和隐藏不易显性化处理的特点，所以仅凭目前的评估技术和评估工具不能对学生学习质量进行全面评估。因此，在实践操作中，往往选取学生外化的知识质量（即实践能力）作为衡量学生学习质量的依据。这样虽然出现了质量衰减，但是学生外化的知识质量与学生内化的知识质量往往成正比，所以选择外化的知识质量作为间接评估学生的学习还是可行的和可信的。

上述只是对高职学生学习活动的微观学习环节进行了质量生成剖析，其总体是沿着实践—理论—再实践的路线，其实一个学习活动甚至是一个知识点的学习都会涉及很多这样的循环，内部活动外化是上一阶段学习的终结，是下一阶段学习开始的基础，进而沿着螺旋上升的路线开始新的学习循环。高职学生学习活动实质上是教师有计划、有目的和有组织地设计的完整且全面的学生主体活动，是外部活动和内部活动相互双向建构的统一。高职学生学习质量是在技术实践知识和技术理论知识在思维层次和实践层次的互相转化和螺旋循环中逐步生成的。

第三节　基于学习活动的高职学生学习质量影响因素分析

高职学生学习质量生成过程是学生、教师和学校环境要素之间相互作用的过程，这些要素又受到很多因素的影响，这些因素为高职学生学习质量评估内容选择提供了范围和依据。在很多教师和学生看来，高职学生学习就是上课、完成作业、做实验及校内外实习实训等正式的学习活动。其实从广义上理解，学生学习活动就是学生与环境互动的过程，其中的环境包括客观的物质环境以及学生对其的利用、参与和人文环境以及学生对其的感知和体验等。因此，学习活动除了课堂、实验和实习等正式学习活动外，还包括各种课外活动与课外生活等非正式的学习活动。可见，学生学习质量的影响因素不仅包括课程和教师，还包括教育管理者和同伴之间的交往、对各种社团组织和各种学习资源参与和利用的程度等在学校生活的所有经历。高职学生学习是一种复杂的活动，学者纷纷从不同学科角度对其影响因素进行了研究。笔者结合本书的研究需要，依据唯物辩证法中的事物发展是内因和外因相互作用的结果的规律，从学生自身发展与外部环境的关系出发，将学生学习质量的影响因素划分为内部因素和外部因素，其中影响学生学习质量的内因和外因都非常重要，内因是学生学习质量变化的内在依据，外因是学生学习质量变化的条件，外因通过内因才能起作用。

一　高职学生学习质量的内部影响因素

高职学生作为学习活动的主体，其所具有的智力水平、认知方式、情感特征、价值追求和生活经验等个性特征都会对学习过程产生影响，这是学生学习和教师开展教学的逻辑起点，是影响学习质量的重要因素。将这些内部影响因素分析归类可分为智力因素、非智力因素、道德因素、生理因素和初始能力。其中智力因素是学生能够从事学习活动的基础，是学习活动的操作系统。非智力因素是学生学习活动的调控系统。道德因素既与智力因素和非智力因素联系紧密，又可独立影响学习。生理因素是指学生的身体状况，也叫生理系统，这是从事学习活动的基础。虽然生理系统一般情况下对学习质量影响不大，但是它是智力因素、非智力因素、道德因素和初始能力的载体，如果失去了生理系统支撑，那么这些因素将失去了根基，不复存在，也就根本谈不上从事学习活动了。初始能力是指学生的知能储备情况，是上一阶段学习活动内化为学生的知能结构和心理结构，是下一阶段开始学习特定知识和技能基础。此外，学习质量还与学生的年龄、性别、认知成熟度、生活经验等因素相关。可见，这些内部因素相互联系、相互影响，共同作用于学生学习质量。

（一）影响高职学生学习质量的智力因素

智力因素是学生从事学习活动的基础，主要是指个体有效地进行认知活动的稳定的心理特征的总和，一般包括注意力、观察力、记忆力、想象力和思维力。学习过程是各智力因素相互作用的复杂的动态过程。随着心理学的发展，智力理论研究得到了不断深化和完善，目前较符合对人类智力实际情况进行描述的理论是美国哈佛大学教育心理学家加德纳提出的多元智能理论，他认为人的智力至少由七种基本智力元素组成，包括语言、数理/逻辑、视觉/空间、音乐/节奏、身体/运动、人际交往和自我反省，他认为七种智能同等重要，几乎所有人解决问题都要运用多种智能而非单一智能。

长期以来，语言和数理/逻辑备受世人关注，也是各级各类考试考查的主要对象。因此，今天几乎所有的人像被洗过脑一样认为只有语言和思维能力是重要的①，这也致使很多学生因此成了各类考试的牺牲品甚至受到歧视。高职院校的生源复杂，包括高中毕业生、中专毕业生、职业高中毕业生、技工学校毕业生及五年制高职学生等，他们可通过普通高考和成人高考进入高职院校。这些学生基本上都是在以语言和数理/逻辑能力为主要内容的纸笔考试中失利的人，根据多元智能理论，这只说明其在语言和数理/逻辑方面较弱，但并不意味着他们其他智能方面不具有优势，只不过是在上一阶段教育中这些智能没有得到培养、发展和展示，甚至根本没有被发现。在当前高考制度下，学校、教师、社会及学生本人认为分数高就意味着智力高，考上普通高校的学生就比高职院校的学生智力高，其实，这是片面的认识。其实人与人的智力差别主要在于人所具有的不同智能组合。②

高职院校与普通高校的学生的差异不在智力水平上而在智力类型上。③"学生在某一领域内有超常表现，并不意味着在其他领域内也会有超常的表现。同样，学生在某方面的弱势表现并不表明在其他方面也必然呈劣势。"④ 高职学生往往在视觉/空间、音乐/节奏、身体/运动、人际交往和自我反省智能方面具有他人不可比拟的优势，比如喜欢观察和实践、擅长形象思维等。高职教育是为各个行业和职业培养生产、建设、管理、服务第一线的高素质技能型人才。不同职业和领域的人才需要不同的智能，例如，对动作节奏和身体协调能力要求较高的手工艺、舞蹈、护理等专业，需要从业者具有较强的身体/运动智能；对空间想象、运用和操作能力要求较高的美术、机械和工程等专业，需要从业者具有较强视觉/空间智

---

① ［美］霍华德·加德纳：《多元智能》，沈致隆译，新华出版社 2003 年版，第 15 页。
② 同上书，第 12 页。
③ 赵志群：《职业教育与培训学习新概念》，科学出版社 2003 年版，第 43 页。
④ 赵东升：《多元智力理论对高职教育的启示》，《职教论坛》2006 年第 20 期。

力等。高职学生年龄大致在 18 周岁以上，无论从生理、心理还是社会意义上，他们都是成年人，拥有相对稳定的知识结构、价值倾向和观念态度等，在学习过程中，学生会根据自己对教学、学习、教师和知识等各方面的理解，根据自己的个性特征、已有的学习经验来选择学习方法和学习方向。高职学生与普通高校学生只是在学习表现区域和程度上存在差别，其实智力方面并没有什么本质上的区别。因此，分析影响高职学生学习的因素需要运用多元智能理论的观点而不是狭隘传统的单一智力理论观点。

　　值得注意的是，智力因素并不会单独抽象地表现在学习活动中，而是与具体的学习任务和学习内容的具体要求相联系表现为学习能力。学习能力不同于智力或者能力，而是一种综合能力。[①] 学习能力是适应一定学习活动的能力。比如，学生在课堂上观察图表、模型等事物，完成这一任务是需要注意力、观察力乃至想象力等多种智力共同参与的，这表现为观察能力，是学习能力的具体表现。智力不等同于学习能力，比如智力正常的学生，学习能力未必正常。学习能力不足是因为学生不适应学习活动造成的。高职学生的智力都属于正常的，学习质量不高的很大原因是因为缺乏学习能力和学习方法。学习能力能够直接影响学生对客体的加工水平，从而影响所能够掌握知识的数量和质量。当学习内容变得困难时，学生通常会产生不适应，这就是学习能力缺乏的表现，因此在学习过程中，除了对学习内容做紧密的衔接设计外，还要对学生学习能力的衔接进行设计和弥补，因为这是学生转化外界知识的操作系统，是影响高职学生学习质量的主要因素之一。

（二）影响高职学生学习质量的非智力因素

　　在学界，非智力因素概念有两种不同的起源说法，一种说法认

[①] 王策三：《教学认识论》，北京师范大学出版社 2002 年版，第 37 页。

为非智力因素概念来自 1935 年美国心理学家亚历山大的论文《智力：具体与抽象》；另一种说法认为非智力因素不是"舶来品"，而是我国独立提出来的具有高度概括力的一个心理学概念，只是后来有学者做研究追溯才发现亚历山大的提法。笔者认为这两种说法都是可能成立的，在学术交流不发达的年代，类似的知识和文明可能会绽放在世界的各个角落。无论哪种说法都肯定了非智力因素的存在和重要性。

非智力因素是一个相当复杂的综合性概念。简而言之，非智力因素可以认为是除智力因素之外的那些参与学生学习活动并产生影响的个性心理因素。不同学者对其进行分类，如刘易斯·推孟将非智力因素概括为完成任务的坚毅精神、进取心、谨慎以及好胜心等四种个性品质；亚历山大则强调兴趣、克服困难的坚持性以及获得成功的愿望；而韦克斯勒则提出了内驱力、情绪稳定性和坚持性等非智力因素在智慧行为中的作用。很多心理学家认为非智力因素的主要内容包括：兴趣、热情、意志、性格、自信、焦虑、态度等。通过对比分析可知，其实这些分类都大同小异，只是细化程度不同或用不同的术语来表示而已。

学生的学习是智力因素和非智力因素综合作用的复杂过程。智力因素主导对学习内容的加工，将学习内容转化为个体的知能结构，非智力因素则负责对知识进行鉴别和筛选，表现为学生倾向于某些知识和技能而使其经过编码进入真正的内部知能结构。如果将智力因素喻为学习的操作系统，那么非智力因素则是学习的调控系统，对心理过程具有起动、导向、维持与强化的作用。这些作用就是学习动机的表现，兴趣、情感、态度、性格和意志等心理特征都可以以动机的形式表现出来。当学生的智力水平达到一定程度后，其学习质量的高低则与动机的优劣强弱有关。学习动机和学习结果是学习活动的两端，学生学习活动在学习动机的推动下才得以展开，学习动机不但会对学习内容做出鉴别和选择，还会依据主体需要对学习活动和智力因素进行维持和调节，其实非智力因素一直隐藏在如学生认识、记忆和思维的学习过程中，进而影响学生学习的结果。学习动机最主要的来源是学生的期待和个人目标[①]，期待是以过去行为的结果或观察他人行为的结果为基础的，若目标切实可行，则能增进学生的动机。非智力因素对学生学习有着不可忽视的作用，智力水平一般的人，如果非智力因素发展得很好，那么就有可能取得成功。对于高职学生，其智力因素与其他同龄人并无差异，因此如果要提高学习质量，那就需要充分利用非智力因素对学习的积极作用。

（三）影响高职学生学习质量的道德因素

道德因素在个体身上的体现也被称作品德或品质，是社会主流意识和道德规范在个体身上的体现，包括世界观和价值观等，其功能是调节人际关系和个体努力的程度，主要表现为调节学生与学生之间、师生之间、学生与集体之间的交往尺度，体现了个体对学习活动的目的、意义和价值的认识和理解，对学习过程具有推动或抑制作用。高职学生是大学生，具有较强的主动性，通常会以自身内在的价值尺度对学习内容进行衡量、选择、整合和改造，并赋予其独特的个人意义，进而影响学生学习结果和效果。

道德通常由知、情、意、行构成，其中，知是基础，是个体对道德内容和概念的理解，它是以一定的智力水平为基础的，否则个体就不可能理解道德的内容，也就不可能会有合乎道德的体验和行为。情与非智力因素中的情感和态度相关，如喜欢学习、热爱集体等，情是受到非智力因素发展制约的。显然道德因素与智力因素和

---

① ［美］普莱斯顿：《教学方法——应用认知科学，促进学生学习》，王锦等译，华东师范大学出版社2006年版，第76页。

非智力因素有密切联系。但是它也具有独立性，它在个体身上发生作用并不一定与智力因素和非智力因素发生必然联系，如智力因素情况和非智力因素情况相差不多的个体之间道德可能相差很远，那么对社会的贡献就会截然不同。因此，道德因素对学生学习质量的影响没有必然规律，需要教师根据具体情况，努力合理争取它在学习活动中的积极效应。

（四）影响高职学生学习质量的初始能力因素

学生的初始能力是前一阶段教育质量的体现，是智力因素和非智力因素综合作用的结果，通常表现为稳定的知能结构。初始能力一般是指学生从事学习前的准备状态，包括专业知识的储备、经验的积累和学习能力等。初始能力是开始新学习的基础和学习活动的结果。建构主义学习理论认为学习是学习者在原来经验的基础上进行的，"原来经验"与"学习前的准备状态"相类似，其内容和获得的途径不限于是课程还是专业上习得的，也包括个体的生活经历，其实学生的经验是在课内外活动的共同影响下形成的，是课内外经历的综合体。经验是个体长期生活和学习的积累，它包括各种经历和体验，是个体将间接知识转化为个体精神财富的中介，是个体知能结构的重要组成部分。学生原有经验对于新学习如此重要，所以原有经验是影响学习质量的重要因素。

高职学生需要以职业相关的实践经验为基础开展技术知识的学习。目前影响高职学生学习的初始能力包括文化课基础和相关的职业实践经验。高职学生高考分数往往低于普通高校的录取线，文化课学习基础相对较差，学习困难相对较大，对专业知识和技能的接受存在一定难度，因此高职院校在开展教学的过程中，需要先对学生的文化基础进行改进，在学习内容和学习能力方面做好高中到大学的衔接工作。但现实中很多学校急于完成自己的教学计划而忽略了文化基础补修阶段。高中阶段和高职教育阶段的学习内容、学习方式和学习目标相差较大，前者重视文化课学习，其学习方式多为记忆、阅读、理解和推理等，学习内容大多属于学科式体系；后者重视技术知识的学习，其学习方式多为实践操作，学习内容大多属于实践体系。因此高职学生的相关职业实践经验相对不足，教师应该先帮助学生获得和积累相关职业实践经验，以此为基础再进行技术理论知识的教学，这是职业知识的学习规律所决定的。文化课基础的补修和相关实践经验的积累是取得高水平学习质量的必要措施。

（五）影响高职学生学习质量内部因素之间的关系

高职学生学习活动是复杂的，其内部影响因素多数与人的心理密切相关，因此不可能对每种影响因素都细数道来，上文只是对影响高职学生学习质量的内部因素做了大致分类和梳理。智力因素、非智力因素、道德因素、生理因素和初始能力之间相互联系、相互制约又相互独立，共同作用又各自发挥其对学生学习质量的影响。其中，智力因素作为学习的操作系统，负责对学习内容进行加工，智力水平的高低决定了知识加工的深度；非智力因素是学习的调控系统，负责对学习内容进行选择，学生往往以个人兴趣或自身看法为标准进行内容选择，这直接决定了真正进入学生知能结构的内容，这与教师教授的内容并不是一回事。需要注意的是，个体之间的智力因素总体而言是存在高低之分的，智力因素与学习质量通常成正相关。相比之下非智力因素却没有优劣差异，也并不总是能促进学生学习，只有在一定范围内的动机才能促进学生学习。道德因素对学习的作用则两者兼有，既可以影响学生对客体做出选择，成为动力系统的一部分，又可以影响个体处理其与集体的关系从而间接影响其操作系统的运行。生理系统作为其他因素的载体，同样会对学习产生影响，只有身体正常健康，其他因素才能正常发挥对学习质量的影响。这些因素中的任何一个运行不正常，都会影响学生学习质量。但是，主体各方面因素的发展并不总是齐头并进的，并且它们对学生学习的影响也存在差异，甚至对某一方面的过于强调还会损害其他方面的发展，如过于强调技能的发展就会导致忽视了学生身心的发展。

二　高职学生学习质量的外部影响因素

从认识论来看，高职学生学习活动是学生与客体相互作用的过程。与一般认识活动相比，其特殊性表现在认识目的、认识主体、认识内容、认识方式和认识结果的评估等方面。一般认识活动的目的在于正确把握对象，而学生学习活动的目的是通过正确把握对象而促进自身发展。高职学生作为认识主体在心理方面的发展基本成型，只是拥有专业领域的知识较少，因此需要教师或具有专业知识优势的人引导他们认识。高职学生学习的内容通常对于人类是已知的但对于学生是未知的内容。高职学生学习认识的方式通常是对反映客观世界的课程或项目等的间接认识，而不是对客观世界的直接认识。高职学生学习认识结果的评估通常是对学校根据社会需要制定的教育目标进行评估，而不是根据客观世界的某一标准进行评估。学习活动的这些特殊性致使其在认识过程中会受到很多外部因素有目的的影响，这些以促进学生发展为目的的活动包括，如教师会根据社会需要精选人类的技术形成学习内容，会以符合学生特征和认知结构的方式设计和实施教学，学校会根据学生学习的偏好和需求进行校园环境建设等。

（一）学习内容

人类对世界的认识来源于直接经验和间接经验，直接经验是个体通过自身活动的体验和感悟而概括出来的经验，间接经验是个体通过交往或阅读获得别人已有的经验。因为个体的时间、精力和安全等因素，所以个体是不能事事亲历的，所以个体所拥有的经验以间接经验为主。在学生学习活动中,学生是通过与各种间接知识经验互动来实现自身发展的,这些知识经验是从人类长期积淀的知识文化中依据社会需要和教育思想经过精心选择和根据学生身心认知特点设计的,通常被称作学习内容,它是学生认识客观世界的中介,是教育者对人类知识经验的选择和改造,属于有目的、有意义的人造物。

学习作为促进学生发展的重要手段,将学生培养成什么规格的人是在学习开始之前就已经预设好的。学习内容是为培养目标服务的,因此,学习内容的选择首先受到培养目标的制约。高职教育的目标是培养生产、建设、管理和服务第一线的高素质技能型人才,该类型的人才能够将工程设计蓝图转化为现实的、具体的实物,具有操作能力和解决实际问题的综合职业能力,其需要具备技术理论知识(包括基础理论、专业基础理论及专业理论)和解决实际问题的"怎么做"和"怎么做得更好"的技术实践知识[1],后者表现为职业所需的经验性知识和策略性知识。而对于技术理论知识则以技术实践需要够用为标准进行选择。此外,高职学习内容的选择还需要以情境性和科学性为基本原则[2],其中,情境性原则主要用于选择技术实践知识,如经验等形式的主观知识,科学性原则主要用于选择技术理论知识,如与技术实践活动相关的概念和原理的客观知识。

学习内容作为学生学习的主要对象,其基础性、代表性和先进性决定了学生学习的深度和广度,这会影响学生学习的质量。高职学生学习内容要以专业内最深刻的、最有代表性的和最基本的知识和技能作为学习的基础,体现了学习内容的基础性和代表性。高职

---

[1] 姜大源:《论行动体系及其特征——关于职业教育课程体系的思考》,《教育发展研究》2002 年第 12 期。

[2] 同上。

学生学习是为了适应当下和未来的工作和生活，因此，学习内容应该与行业内先进的知识和技能密切联系，以最新、最需要的知识和技能为重点，以培养学生适应当前或将来的工作，体现学习内容的先进性，这从学习内容上实现了学生经验的提升和整合。因此学习内容需要与岗位实践内容对接，学习过程与工作过程对接，这有利于学生及时掌握企业所需内容，快速适应岗位工作，比如建筑专业的测量学习原来只要求掌握水准仪的操作，但这已不适应行业的要求，因此需要增加当下行业中急需的全站仪的学习内容。

为了使学生能更好更快地接受学习内容，那么教师需要依据学生的主体性特征、职业知识之间的联系和职业知识学习规律进行内容设计和编制。高职教育追求整体性学习，学生的认知心理与典型的工作顺序应该是串行的。针对工作过程的环节或任务传授相关的学习内容，实现技术实践知识与技术理论知识的整合，通过改变知识在学习排列中的顺序实现个体知识建构与工作过程行动的有机融合。以建筑专业的"工程档案管理"工作过程为例，其学习内容应该以工程招标、进场、桩基、土建和结项等工作流程为中心建立模块化的学习内容。再如行业岗位技能学习，行业岗位技能一般是几种专业技能的综合运用，以项目的形式对其进行整合，提高综合能力训练的效果，如工程预算中最重要的是读图能力，那么就应该将读图能力整合到钢筋算量等相关学习模块中。高职学生学习内容需要以学生原有经验为基础，依据学生的认知特点、职业知识之间的联系和职业知识学习规律进行融合设计，从而使学习过程与工作过程实现有机整合。

高职学生学习内容的职业性和实践性决定了其学习过程和工作过程应该实现对接。建构主义学者乔纳森认为教育最重要的是要培养学生解决问题的能力，其理论知识的学习也是为了解决问题。根据问题的结构性（问题解决的目标和所需条件具备的情况），可以将问题分为结构良好的问题和结构不良的问题。结构良好的问题其初始条件和目标都是明确的,解决过程往往也只需要应用有限数量的规则和原理,如几何问题。结构不良的问题则不同,其初始条件和目标其中通常至少一个是不明确的,其解决过程和方法往往是多样的,即使该领域内专家的意见也未必一致,如进行某种产品设计或制作。可见,几乎所有知识运用到具体情境中,都会产生结构不良的特征。高职教育的基础理论知识一般是结构良好的问题,通过教师课堂的教材讲解就能习得,而实践技能则需要以原有经验和理论知识为基础经过反复的训练、体验和积累才能习得,大部分属于结构不良的问题。与普通高等教育相比,高职学生的学习内容中结构不良问题的比例更大,因此,高职学生学习更需要情境的支持,如实训情境、顶岗实习、模拟情境等,要注重将职业知识和技能融入学习环境中,以及学习过程与工作过程的完整而不是分解化对接,从而提高解决实际问题的能力和学习质量。

(二) 教师

课程是大学进行教育教学的重要媒介,但它不能担负起大学的全部教育责任。由前述可知,课程内容其实是教师从人类知识经验中选择、设计、开发和实施的,所以教师才是高职教育中最重要的因素。教师负责制订课程计划,营造校园内的学术气氛,通过他们的专业优势和他们与学生之间的关系,维系着或削弱着学校的社会环境和知识环境。可见,教师是沟通理论知识和实践教学、学校和学生的桥梁。NSSE 的新任主任麦科米克在 2008 年 7 月出席"院校研究:建设高等教育质量保证体系"高级研讨班及国际学术研究会上明确提出:质量的变化最终来自教职员。[①] 办好一所学校最为关

[①] 罗晓燕、陈洁瑜:《以学生学习为中心的高等教育质量评估——美国 NSSE "全国学生学习投入调查"解析》,《比较教育研究》2007 年第 10 期。

键的因素是教师,提高教学质量最主要的条件是师资。① 因此,学生的学习质量除了与学生的主体性密切相关外,还与教师息息相关。

在教育教学活动中,教师是社会和学校期望的主要传递者,其能力是影响传递效果的关键因素。教师能力也被称为教师素质,是各种素质交错的综合体,是教师完成教育教学任务所必须具备的影响学生身心发展的心理品质的总和。教师素质的高低将直接影响教育教学工作的效率和效果。教师素质一般包括知识基础、职业道德、教学观念和教学能力等方面。

知识基础是教师从事教育工作的前提,包括专业知识、教育教学基本理论知识、教学实践性知识。专业知识是指与本人所从事的专业有关的知识,教育教学基本理论知识通常包括心理学和教育学知识,教学实践性知识是通过实践而获得的知识,通常表现为经验的积累,所以新教师的实践性知识最为薄弱。高职教育的职业性和实践性对教师素质的要求更高更复杂,需要理论与实践有机结合起来传授给学生。教师知识基础的厚度直接关系到教育教学质量的高低和教学目标的实现程度。职业道德是对教师从事教育教学的基本要求,是教师应该遵循的价值取向和基本原则,其核心是爱学生,表现在对于教育事业具有奉献精神,热爱学生,愿意为学生的成长付出毕生精力;关心学生,诲人不倦、团结协作,共同承担教育教学责任等。教学观念是教师对教学本质和教学过程的基本看法,主要包括教育观、教学观、课程观、学习观等,反映了其教学的价值倾向和行为指向。教学观念是决定教学质量的内在微观深层机制②。教学能力是指教师完成教育教学活动必须具备的能力,包括语言表

---

① 严仲清:《论非直接教学因素》,复旦大学出版社2008年版,第79页。
② 刘小强、何齐宗:《跨越师生教学的观念鸿沟:走向微观深层的高校教学质量建设》,《高等教育研究》2012年第9期。

达能力、组织教学能力、分析教材能力和组织管理能力等，这些能力对于教育教学工作而言都是必不可少的。教师的知识基础、职业道德、教学观念和教学能力这些因素最终都体现为教学行为，学生正是通过观察教师的教学行为来理解教师的要求和进行学习的。

从教育理论发展的过程看，教师在学生学习过程中占据重要地位，以往的教育研究从国家制订教育计划大纲、编写教材，到学校教育、教学和管理的具体实施，都侧重于对"教师向学生如何传授知识"的研究，而忽视了对学生如何接受和学习知识的研究。建构主义学习理论认为，教师是学习的组织者、引导者与合作者，是整个学习活动的策划者，为学生搭建适合的学习环境，精心准备教育资源及教学设计，给学生提供自主学习的机会，引导学生主动参与学习。可见，教师从教学的"主宰者"变成了学生学习的"引导者"，学生从"被动接受"变成"主动建构"，但角色的转变并未改变"教师是教的主体"这一现实，所以教师依然是学习质量的主要影响因素。

（三）学校环境

影响学生学习的环境包括学校环境、家庭环境和社会环境。学校环境包括人文环境和物质环境。家庭环境包括家庭的文化环境、物质环境和家庭成员对其的教育和影响；社会环境包括社会教育环境和社会风气等。在学生学习过程中，学校环境是最重要的，对学生具有熏陶作用，但是家庭环境和社会环境也不可忽视。

1. 高职院校的物质环境。物质环境是学校办学的物质基础，是教学质量形成的物质保证，主要包括校舍、技术装备、图书资料等，其中校舍包括普通教室、实验室、教学实训室等，技术装备包括传统媒体和新媒体，比如黑板、粉笔、幻灯机、计算机、多媒体与网络等多种媒体，完善的校园设施是师生共同开展教育教学活动必要的条件，能使教师员工教有其所，学生学有其所。除了这些基本的教学物质条件外，与基础教育相比，高职院校还要提供生活服务和就业准备服务等。除了与普通高教相似的课堂学习环境外，高职院校还需要有与职业联系紧密的社会环境和劳动市场环境。高职院校要提供保证学生职业能力的设施，包括校内外实训基地、为学生创造体验真实工作经历的机会等。校内实训环境应该以教学需要为出发点，按照生产要求设置，与企业的基本格局、空间和陈列相似，在实训环境中，学生通过完成真实的或模拟的工作任务，建构和整合技术理论知识和技术实践知识，发展技术实践能力，这是教室学习中不可获得的，同时缩短了课程和工作的距离[1]。学习环境是影响学生学习质量的重要因素，高职教育对学习环境的高要求与其培养目标相关，因此，高职院校应该积极参与社会实践活动，最大限度地寻求社会、行业和企业的多方支持，为教师教学、学生学习和企业参与等多方互动提供质量保证。

随着社会和经济发展对高技能人才需求的增加，高职院校迎来了快速发展的机遇。在第一轮院校评估结束后，高职院校在办学经费和教学设施方面都得到了国家的大力支持。物质条件作为办学的基本条件，固然非常重要，但这并不一定会导致教育质量高，也不一定会培养出高质量的人才。发挥物质在培养人才过程中的作用需要教职员工和学生发挥其主动性，充分利用这些物质设施，才有可能实现教育质量提高的理想，而这需要提升的是学校软环境的建设。

2. 高职院校的人文环境。与物质环境相比，人文环境具有潜在性和隐形性，只有长期处于其中才能感受得到。人文环境通常是指校内建筑所体现的人文环境和校内人际关系环境的综合，被很多学者称之为隐性课程。杜威做过关于类似隐性课程的论述，如学生在学校可以有意识的和无意识地学到知识，有意识学习到的知识是

---

[1] 徐国庆：《实践导向职业教育课程研究》，上海教育出版社2005年版，第282页。

通过专门的学习获得的，而无意识习得的知识则是学生与人交往和受人文环境熏陶获得的。人文环境一般包括校容校貌、班风、校风、人际关系、文化环境、知识氛围和各种规章制度及社会道德等。校容校貌是赋予物质环境以文化意义和教育意义的产物；而班风、校风等则是指教职员工工作和学生学习的精神面貌、思想作风和舆论等（软环境）。人文环境融于物质环境，依附于师生的言行和活动中，而不是独立存在的。

我国的高职院校成立的源头众多，有的是改制而成的，有的是中专学校或中等职业院校升格或合并组建而成的，由于成立时间短，在人文环境建设和认识方面不免带有中职的一些旧痕，对高职人才培养的正确认识还需要时日。因此，目前高职院校亟待加强的是人文环境的建设，以改变那种普遍重专业技能和实践能力而轻人文素质、道德水平、完整人格培养的现状。高职院校人文环境具有潜移默化的育人作用，学校在人才培养过程中需要与其教育目标相适应的人文环境，高职院校教育目标是培养高素质技能型人才，因此，高职院校人文环境与中职院校相比，应该突出其高等教育性，与普通高校相比应该突出其职业性或实践性，两者需要有机结合，融入学校人文环境中。学生的思想观念、思维方式、生活方式、行为方式的养成和学校的人文环境有着密不可分的联系，学生身处具有高等性和职业性的学校人文环境，耳濡目染受其滋养，将有利于培养其职业意识、职业道德、职业精神和团队合作意识等职业软素质，为其步入社会走上工作岗位奠定坚实的素质基础。因此，良好的人文环境是高职院校持续发展的保障。

（四）影响高职学生学习质量的外部因素之间的关系

课程和学校环境构成了学习活动的主要客体，这是学习活动开展的必要条件。课程作为学习客体的主要内容，是教育者根据一定的目标和原则对人类知识经验进行自觉选择和构建的特殊内容。学校环境作为学生朝夕生活和学习的环境，由教学媒体、教学设施、师生之间的交往、学生与学生之间的交往和各种社会关系、教师的道德行为、学校的一些组织制度等构成，这些因素会对学生学习产生重要影响。教学媒体和教学设施是可以使课程内容以学生更容易理解和接受的方式得到再现的载体，而各种人际关系、学校制度等则是影响学生学习的隐性因素。学习环境影响的隐性和迟滞性使教师并未意识到它的重要性，因此教师几乎不会去自觉地建构这些客体。可见，学习环境尤其是软环境是影响学生学习质量的又一重要因素，有目的地加强软环境建设是提高学生学习质量的关键。

教师在外部因素中居于重要地位并扮演着关键角色，是沟通学生、课程和学校环境的重要途径。教师根据学生的学习需要和主体性特征，灵活利用学校提供的教育教学资源对课程和教学进行设计和实施，学生的主体性发挥和学校资源的利用程度都与教师素质息息相关，比如，教师工作动机越强烈，教学技能越熟练，就越有可能激发学生的学习动机，使其发挥主体性，就越有可能使学校资源的潜能得以发挥，以提高学生学习质量。教师是课程和学校环境的创建者和利用者，所以，教师在影响学生学习质量的外部因素中最为重要。

第四节 高职学生学习质量表达

质量是实体所具有的特性与主体需求的比较，质量表达是将两者比较的过程与结果表达出来，内容包括对比较过程与结果的测量、描述、分析和判断，使两者比较的过程与结果具体化。学习质量是学习活动所具有的特性与学生需求的比较，学习质量表达是两者比较的过程与结果的表达。学习质量表达具有多样性特征，这是由学习质量本身的复杂性、模糊性、迟滞性、多因素性和潜在性等特征导致的，如学习质量既含有知识和技能等比较确定的元素，又含有能力、个性、各种心理体验感悟等比较模糊的元素；既有即时显现的学习效果，又有长期积累才能显现的学习效果。根据不同维度和标准，学习质量有静态表达与动态表达、过程表达与结果表达、显性表达与隐性表达、知识表达与行动表达、客观表达与主观表达、个人表达与社会表达等。各种维度可以相互结合，如结果显性表达维度主要是通过学生所取得的学分和职业资格证书等进行表征。只有以多种维度来表达学习质量，才能获取更多关于学习质量的信息，从而对学习质量理解得更全面。根据实体特性与主体要求比较的内容不同，质量表达的方式包括符合明确规格、适用某种要求、不断追求卓越达到主体满意[①]。相应地，高职学生学习质量表达方式包括实证性质量表达、适用性质量表达和满意性质量表达。

一　高职学生学习质量的实证性表达方式

实证思想注重客观性和具体化，倾向于用科学思维研究问题。实证性质量表达是将实体特性用具体的和客观的指标进行描述，用统计和测量的方法对质量的各指标进行定量分析，具有较强的可操作性。明确的规格即质量标准，预设的质量标准也是清晰和具体的，质量的高低就是实体特性符合预设质量标准的程度，符合程度越高则说明实体质量越高。学习质量标准是人才培养目标的具体化和量化，可以分为学校的学习质量标准、专业的学习质量标准和课程的学习质量标准等。高职学生学习质量的实证表达反映学生在学

---

① 王军红、周志刚：《论职业教育质量的内涵及表达》，《天津大学学报》（社会科学版）2013年第5期。

习活动中行为表现及其变化程度,比如学生学习成果与学校、专业和课程学习标准的比较(包括基础知识水平、专业知识水平、交际能力、严格而客观的思维和推理能力,以至个人的观念、信仰、价值观等)、课堂主动发言次数、与教师互动的频度、参与社团活动的频度、学习投入的时间、作品达到标准的次数、专业课程通过率、资格证书获得率、学生的就业率、学生的退学率等。从宏观层面看,学校层面和专业层面的学习质量表达主要集中在就业率、课程通过率及资格证书获得率等,从微观层面看,学生层面的学习质量表达主要集中在学习投入的时间和学习行为上。

二 高职学生学习质量的适用性表达方式

实证性表达的是实体在某一状态或结果符合质量标准的程度,是静态和明确的。适用性质量是指产品在使用时能够成功满足用户需要的程度。[①] 用户的需要包括明确的需要和隐含的需要。与符合性质量关注事物与标准的符合程度相比较,适用性质量除了关注事物满足自身需要外,还关注事物对周围环境、其他个体或群体的满足程度。微观上,高职教育教学满足了学生求知的明确需要,习得了知识、技能和能力,同时也应该检验学生对学校环境的各种心理隐含需要满足的程度。宏观上,高职学生学习质量满足了学校的一系列教育标准,取得毕业证书,但学生满足用人单位、行业、社会和政府的需求程度还需要进一步检验。也就是说,高职学生学习质量不能单由学校进行评估,而应该让消费学生产品的终端组织参与评估。总体而言,实证性质量表达侧重关注实体的固有特性和主体的明确需要,适用性质量表达侧重关注实体的非固有特性和主体的

---

① [美] 约瑟夫·M. 朱兰等:《朱兰质量手册》第五版,焦叔斌等译,中国人民大学出版社2003年版,第50页。

隐含需要。高职学生学习质量的适用性表达包括学校提供的教育服务满足学生需要的程度和学校教育服务的结果，即学生综合素质满足用人单位需要的程度。

三　高职学生学习质量的满意性表达方式

满意性质量是以满足主体需求为目标，在整体上表现为主体满意。满意性质量强调质量的全面性、动态性和发展性，凸显了主体对质量的追求是无止境的。满意性质量表达实质上是以人为中心，从人的价值和利益出发满足主体的多种期望，包含明确的静态质量和隐含的动态质量、结果质量和过程质量。满意性质量表达不仅关注各主体当下的现实需求，而且关注长期的需求。满意性质量表达追求利益相关主体的共赢，强调整体的优化，而不是特别关注某一主体的需求或某一个过程环节的完善。在微观上，高职学生学习质量的满意性表达是指学生对教师教学和学校环境满足其自身需求程度的表达。在宏观上，高职学生学习质量的满意性表达是指行业、企业、社会、国家和家长对高职院校的毕业生满足其自身需求的程度的表达。满意性质量表达是一种更为全方位立体化的表达，将众多的利益相关主体的诉求聚集起来取其共性，如学生的就业能力是学生、行业、企业、社会、国家和家长的共同需求，高职院校通过培养学生的就业能力从而满足各个主体的需求。高职学生学习质量的满意性表达包含学生对学习收获的满意程度、企业对学生岗位能力表现的满意程度、社会和国家对高职学生为社会做出贡献的满意度以及家长对孩子经过高职教育后的成长情况的满意程度。

高职学生学习质量相关理论研究是进行质量评估的基础。为突出学生是学习的主体，本章在阐述质量概念的基础上，以学习活动为切入点对学生学习质量的概念进行了界定，即学生学习质量是学习活动特性满足学生需要的程度，内容包括学习活动的内容、结果、方式和过程等方面满足学生需要的程度，通过学生学习前与学习后状态的比较，以学生的主观感受和学习后状态达到预期目标的程度的形式表现。基于学习活动是学生消费学校所提供教育服务的过程，因此本章结合服务质量特性，依据教育育人的使命，经过分析得出学生学习质量的七项特性，其中功能性和文明性是其基本特性。结合高职教育的特点，高职学生学习质量的功能性和文明性表现为职业性、实践性和人文性，三者共同表达了高职的培养目标的特征。

高职学生学习质量概念、内涵及特性是对学生学习质量抽象层面的界定，而高职学生学习质量的生成过程、影响因素及质量表达则是对其的深度解析。根据建构主义学习理论对学习的理解，高职学生学习质量是主客体相互作用的结果，据此本书选取高职学生学习活动的微观片段对学习质量生成过程进行分析，以学生具有的相关实践经验为起点，沿着实践—理论—再实践的路线，朝着岗位所需知能的目标逐渐生成的，包括外部学习活动、内部学习活动、内化建构过程和外化建构过程四个"以技术知识的内在逻辑和职业教育教学规律设计的"阶段，整个学习活动渗透着技术理论知识和技术实践知识的相互转化。高职学生学习质量正是在技术理论知识和技术实践知识在思维层次整合和实践层次整合的循环过程中逐步生成的。

在高职学生学习质量生成分析的基础上，依据事物的发展是内因和外因相互作用的结果，本书对高职学生学习质量的影响因素进行理论分析和验证性分析，其中内部因素包括学生的初始特征、非智力因素、智力因素、道德因素和生理因素等，外部因素包括教师、学校环境和学习内容等，其中所有外部因素都会通过教师这个聚焦点对学生学习产生影响。经过验证性分析得知，教师素质是影响高职学生学习质量最重要的因素,在学习过程中,高职学生更加注重学校服务等软环境的质量。高职学生学习质量的表达是进行学习质量评估、制定评估标准和评估指标体系的基础,其表达方式有三种:实证性表达、适用性表达和满意性表达,三种表达方式的相互补充可以更确切地表达学生学习质量。这些理论探讨为阐明高职学习质量评估对象和选择评估内容奠定了基础。

第四章

高等职业教育学生学习质量评估理论阐释

高职学生学习质量的理论探讨为高职学生学习质量评估奠定了基础，教育评估理论为高职学生学习质量评估提供了一般理论指导。为了更有效地进行学生学习质量评估，则需要结合高职教育的特点构建高职学生学习质量评估的基本理论。本章在一般教育评估理论的基础上，将对高职学生学习质量评估的含义、评估目的、评估意义、评估理念、评估功能和评估伦理等进行阐述，提出高职学生学习质量评估需要构建多元评估共同体，系统分析学生学习质量的评估对象，为高职学生学习质量评估的实现提供了理论指导。

第一节 高职学生学习质量评估的典型模式

模式是将解决某类问题的方法总结归纳到理论高度，是对各种事实进行抽象化的结果。教育评估模式是对教育评估活动进行的高度理论抽象，是相对固定的评估方法论。一般认为，评估模式介于评估理论和具体的评估方法之间，评估模式为评估方法的实施提供了基本框架，评估模式有助于设计良好有效的评估方案。随着教育评估理论的发展，多种评估模式纷纷涌现，每种模式都有独自的主导思想和应用范围,梳理和理解各种评估模式有助于评估主体实践应用时根据实际情况和评估目的,对多种评估模式组合使用,扬其长避其短,发挥最大功用。根据本研究的需要,选择了目标评估模式、CIPP评估模式和解释性评估模式三种。下文在梳理教育评估思想发展趋势的基础上,分析了这三种典型的评估模式及其在高职学生学习质量中的应用。

一 教育评估思想发展

教育评估与教育评价虽然在用法和含义上略有差别,但它们具有相同的理论和模式。教育评价历史悠久,几乎可以认为自教育出现就有了评价,例如古希腊哲学家苏格拉底的"产婆术"中就蕴藏着教师根据具体情况对学生进行启发和提问的主观性评价,而正式的教育评价概念是由美国人泰勒(Taylor)提出来的。教育评价就是对教育活动满足社会与个体需要的程度做出判断的活动,是对教育活动现实的或者潜在的价值做出判断,以期达到教育增值的过程。迄今为止,学者们从不同角度对教育评价理论的发展进行不同的划分,其中比较有影响力的是古贝和林肯提出的"四代理论",分别为:测量、描述、判断和建构[1],对应的四个时期被称作测量时代、描述时代、判断时代和建构时代。

每个时代都形成了各自的教育评价理论并且具有重要标志,也是教育评价的主要价值取向。[2] 测量时代是因测量技术在教育中的广泛应用而得名的,兴起于19世纪末,其标志就是测量。描述时代兴起于20世纪30年代以泰勒为首的八年研究实验,该实验的目

---

[1] [美]古贝、林肯:《第四代评估》,秦霖、蒋燕玲译,中国人民大学出版社2008年版,第2页。

[2] 杨彩菊、周志刚:《第四代评价理论对高等职业教育评价的启迪与思考》,《中国职业技术教育》2012年第30期。

的是检验新课程的有效性,泰勒认为评价应该是一个描述结果达到目标程度的过程,其标志是描述。判断时代兴起于20世纪50年代末,在60年代得到充分发展,正如古贝所说,"六十年代或者更确切地说,1967年以后,判断就成了第三代评价者的标记"[1]。在判断时代,很多评价者倾向于对预设的教育目标及其标准是否合理作出判断,该时代的标志就是判断。建构时代兴起于20世纪80年代的建构主义评价理论,主要是由著名评价专家古贝和林肯提出和创立的,他们撰著《第四代评估》并在其中系统阐述了建构主义评价理论的基本观点和理论架构,提出评估就是对被评事物赋予价值,它本质上是一种心理建构即是一种通过"协商"而形成的"共同的"心理建构。评价是参与评价的人或团体关于被评价者的一种主观性认识而不是评价者对被评价者客观状态的描述和判断。该时代的标志是"回应"和"协商",同时还提出了共同建构、全面参与和价值多元化等评估思想和方法。

通过对评价发展史的梳理,不难发现西方评价理论逐渐从"管理导向"向"民主导向"转变,围绕着"量化研究思想与质化研究思想、科学主义思想与人文主义思想、关注社会与关注人、从一元思想到多元思想"四条主线进行发展。[2] 教育评价的中心分别是测验、目标、决策和人,其中心的变化是受社会发展需要的影响,如社会发展需要少量人才时就产生了标准化评价以选拔优秀人才,社会发展需要大量人才时就产生了多样化评价以为社会各行各业培养所需人才[3]。这些评估思想的转变为高职学生学习质量评估指明了理论方向。

---

[1] 张民选:《回应、协商与共同建构》,《外国教育资料》1995年第3期。
[2] 杨彩菊、周志刚:《西方教育评价思想嬗变历程分析》,《国家教育行政学院学报》2013年第5期。
[3] 同上。

二 目标评估模式

目标评估模式产生于20世纪30年代的美国，当时正值教育改革的高潮，许多课程改革方案都需要检验其有效性。为此，美国开展了以泰勒为首的"八年研究"，这是目标评估模式产生的契机。随着长期理论和实践研究的深入发展，目标评估模式逐渐成型。

由于受到贾德实验心理学思想的影响，泰勒将教育目标、教育过程和学生取得的成就都进行了行为化处理，即用行为来表述学生应该达到的目标和学生的实际成就水平。泰勒认为评估是既定课程或教学计划实际达到预设教育目标的程度的过程，教育目标是评估的出发点和依据。可见，强调目标在评估中的地位和作用是泰勒评估模式的显著特点。目标评估模式主要包括根据社会需求形成目标、将目标进行分类、用行为术语表述目标、创建能展示目标达成的情境以及根据客观性、有效性和可靠性的原则选择评估方法、运用这些方法进行资料收集、判断目标达成度、解释评估结果和使用评估结论进行改进，其中有些环节可以根据实际情况进行合并或拓展。

目标评估模式的出现是教育评估领域中的重要事件，它标志着现代教育评估的正式诞生。目标评估模式注重目标在评估中的作用，是一种简洁明了。易于理解和实践操作的评估模式，其评估标准就是目标的达成度，也因此颇受教育界的欢迎，很快就遍及世界上大多数国家，其影响力长达三十年之久。有很多学者都加入了目标评估模式研究的行列，对其进行了更为深入的研究，如布卢姆以中立的态度对每一种教育目标进行描述，表明了学生接受教育后所要达到的结果，并形成了影响巨大的教育目标分类学。但是目标评估模式没有对其研究起点，即教育目标的合理性进行评估，这意味着如果教育目标不够科学和合理，那么即使评估结论再完美也将毫无意义。此外目标评估模式关注目标和预期结果，而忽视过程和非预期结果，这与教育的复杂性是不相称的。目标评估模式是一种总结性评估，注重静态的与鉴定性的选拔功能，侧重证明某种方案的有效性，而忽视评估的改进功能。

三 CIPP 评估模式

针对目标评估模式中存在的不足，如预设目标是否合理、忽略条件和非预期的效果等，斯塔弗尔比姆提出了 CIPP 评估模式，该模式也被称作决策导向评估模式，产生于19世纪60年代后期并得到迅速发展。CIPP 认为评估最重要的意图是为了改进事物目前的状况，评估主要是为管理者提供决策依据，通过为决策者服务而间接为教育服务。最初的 CIPP 评估模式由背景（Context）、输入（Input）、过程（Process）和成果（Product）四个评估环节组成。随着时间的推进，斯塔弗尔比姆本着评估的精神不断对自己的研究进行反思，越来越觉得4个步骤对于长期改革方案的评估力度可能略显不足，于是，他对 CIPP 模式做出了改进，将成果评估分成4个阶段，分别是：影响（Impact）、效果（Effectiveness）、持续性（Sustainability）和推广性（Transportability），那么改进后的 CIPP 就由7个步骤组成。[①]

改进后的 CIPP 各步骤的含义和作用如下：（1）背景评估是通过对客体如机构、方案甚至个体进行考察，判断预设目标与评估使用者的需求是否一致，确定客体的优势与不足，从而为计划决策服务，为改进工作提供依据。背景评估常用的方法可以是对客体的各种测量和各种类型的分析，包括系统分析法、会谈、诊断性测验、

---

① 参见 Stufflebeam D. L., "The CIPP Model for Evaluation", *International Handbook of Educational Evaluation*, Springer Netherlands, 2003, pp. 31–62。

调查研究法、文献评论法、专题讨论会和德尔斐法等。(2) 输入评估主要是为组织决策服务，是评估者帮助评估委托人辨清自身的限制条件、可利用的资源及预期的困难等，从而对各种备择方案的可行性进行识别，通过综合利弊而做出相对最大收益的决策。输入评估常用的方法有文献调研、访问典型方案、支持者小组和试点实验等。(3) 过程评估主要是为了实施决策服务，过程评估记录了方案实施的全过程，包括实施方案达到预期目标的情况、实施的成本等，是对方案实施情况的持续监督和检查，其真正的目的在于调整和改进方案的实施过程，为相关人员如管理者、方案制定者和参与者等提供反馈信息，为发现方案中潜在的或新出现的问题进行修改提供指导。(4) 影响评估是指就方案对目标受众的影响程度做出评估，主要包括：根据日常记录和反馈对方案进行定期更新，判断方案满足利益相关者的程度，并撰写报告反馈给利益相关者。(5) 效果评估是对方案结果的重要性和品质进行评估。为了鉴别和证明方案对目标受众产生成效的范围和深度，其方式主要包括：访问重要利益相关者；由评估小组成员和方案职员提供证据；与同类方案进行费用收益成本的比较。(6) 持续性评估是指方案制度化后长久实施的程度。主要任务包括：多次访问利益相关者，以便鉴别出方案的成功之处；根据已有评估资料判断方案的成功之处；根据方案实施所需的外部条件如财政、计划和人事安排等条件来判断方案的持续性等。(7) 推广性评估是指方案可以推广到其他环境的程度。主要任务包括：判断方案的可复制性；从现行评估实践中，鉴别方案的潜在使用者；判断方案与他们意图使用的情景的相关程度。

CIPP 评估模式是以决策为导向，而目标评估模式是直接以目标为导向。CIPP 评估模式的背景评估是对目标的合理性进行评估，输入评估是对方案的选择进行评估，过程评估是对方案的实施加以监督，成果评估是对目标的达成度进行评估，可见，CIPP 评估模式的对象是教育活动的全过程，包括需要、目标、条件、计划、实施、结果及其影响，而不是仅仅局限于教育活动的结果。CIPP 评估内容的全面性是其评估效果的保障，将诊断性评估、形成性评估、终结性评估三者实现了完美的融合。CIPP 评估模式为机构的决策者制定政策提供依据，往往是基于较大规模的评估实践。其实施要求条件较高，如需要信息来源广泛、经费充足、先进的分析技术、稳定的制度化保证、评估周期长、大量的人力物力投入才能凸显 CIPP 评估模式的优点，并且评估成效的正常发挥需要决策合理、民主和公开。[1] 此外，CIPP 评估模式比较注重对活动方案的描述，忽视对其进行价值判断。但是这种批判根本掩饰不住 CIPP 评估思想及其模式的伟大魅力，它属于一般方案评估，广泛应用于教学、课程、学校乃至整个教育领域，因此，CIPP 评估模式同样适用对学生学习的评估。

四 解释性评估模式

帕勒特（Parlett）和汉米尔顿（Hamilton）采用了整体评估的思想，重视历史、文化和社会等因素对方案的影响，是一种文化人类学的范式。解释性评估模式中有两个重要概念：教学体系和学习环境。教学体系旨在强调每一个教学情境及其存在背景的整体性。课程方案从实施开始，就形成了一个包括行政人员、教师、学生等系统的教学体系，他们会对方案中的内容做出自己的解释，任何一种课程方案都不可能完全遵循原计划实施。所谓学习环境是教师和学生所处的社会环境、心理环境和物质环境之间以文化的、社会的和心理的等各种方式交互作用的产物，是师生之间相互作用的一种复杂形式，例如教师的经验、教学态度、学生需求/学习动机和学

---

[1] 肖远军：《CIPP 教育评价模式探析》，《教育科学》2003 年第 3 期。

校的活动会受到法律和财政等因素的制约，这些因素之间交互作用就形成了独特的学习环境。因此，评估必须仔细观察学习环境中各个因素之间的交互作用，以便了解教学、课程、学习和学校活动真正运作的情况。评估者需要观察其中每项活动的运作过程和结果及教师和学生的观点等，找出学习环境的特别之处。

解释性评估模式旨在描述和解释，通常包括三个阶段，依次是观察、探究和解释。观察阶段评估者充当旁观者，仔细观察学习环境，包括对活动实施中发生的各种事件、非正式评论和背景等，并对其做出记录和评论，从中找出因素之间的交互作用。此阶段以观察方式为主，但也可以与教师和学生交谈来确证自己的发现。探究阶段是评估者从观察阶段所关注的现象中选择最重要的因素，作为重点观察对象，并围绕重点搜集资料，这样，研究的问题将得到聚焦，有助于提高探究的效率。此阶段评估者可以使用问卷和测验收集教师和学生的态度和观点。解释阶段是依据所获得的数据材料对教学或课程做出解释，要做到充分解释，通常还需要对资料进行筛选，从多种不同的来源中找出确凿的证据，也可能需要寻找一些新的资料。做解释时应注重全面的分析与慎重的解释，因为被评估者所处的环境、情况及条件等方面的差异是客观存在的，因此这一阶段对被评估者共性的代表性程度如何还有待进一步的验证。

五 三种典型评估模式在高职学生学习质量评估中的作用

目前评估模式众多并且还在继续发展，没有一种评估模式是最好的或者说能适合所有评估的。在选择模式之前，要确定评估的目的和意义以及主要利益相关者的要求，根据评估目的选择合适的评估模式，可以是单一的也可以是多种模式的混合，其选择的唯一的标准是最大限度地满足评估目标和利益相关者的要求。

高职学生学习质量评估的目的是促进学生学习，为教师和管理者改进工作提供依据，因此为了达到评估目的而选择了目标评估模式、CIPP 评估模式和解释性评估模式，其中目标评估模式的目标行为化特征与高职学生技能评估十分契合，适用于学生个体的显性知识评估，如课程评估层面的学习成果评估。CIPP 评估模式的系统化特征主要适用于高职学生群体评估，如专业层面和学校层面，以了解学生对高职课程或教学方案的满意程度。解释性评估模式的三个阶段往往是交织在一起的，主要用来解释高职学习环境对学生学习质量的综合影响，旨在强调对课程、教学和学习环境等各因素之间的关系做出描述和解释，但是它忽视了对教育目标达成度的分析和评估。

第二节 高职学生学习质量评估要义

一 高职学生学习质量评估的含义

（一）高职学生学习质量评估的含义

评估有很多不同的含义。在西方，评估通常用"assessment"表示，其动词是"assess"，源于拉丁文"assessus"，其含义是坐在旁边观察或监督，到中世纪时期则演变为要缴纳的税，有量化的意思。在牛津词典中，"assessment"的意思是经过深思熟虑对某人或某物做出判断；对某人或某物进行评估和估量的行为；经过正式估价应支付的具体数额。可见，"assessment"的基本含义是指仔细收集数据用于对某人或某物做出判断。时至今日，评估也略带有价值判断的含义，即指根据评估信息对事物进行粗略的价值判断。高职学生学习质量评估是根据学生学习的相关信息和数据对其进行粗略的价值判断。

尤厄尔（Ewell）认为评估是基于实践而不是科学方法的研究。可见，评估是一种行动研究，其目的是发现和改进当下研究的实践而不是致力于理论推广，也不是为了验证理论。学习质量评估是一种评价学生学习情况的实践活动，是一个旨在理解和改善学生学习的持续过程，要对内部和外部的利益相关者负责，它包括：明确和公开对学生的期望；设置学习质量的适切准则和标准；系统收集、分析和解释证据；从而判断绩效与期望和标准的匹配程度。当评估有效嵌入学校系统中时，评估可以使我们共同关注学生学习中存在的问题，创建具有共享意义的评估文化，它将有助于提高学校教育质量。

不同主体对评估的理解不同，如家长认为评估是在学期末设置的一系列问题，目的是告诉师生是否需要再进行复习；教师认为评估可能会关系到自己的奖罚；校长认为评估可能是一场高风险的认证测试；学生认为评估就是考试，或者评估与自己毫无关系。为了提高评估效率，高职学生学习质量评估的利益相关者必须对评估的含义形成统一的理解，这样才便于交流彼此间的评估意见从而更容易达成共识。尤其是高职院校的评估小组在筹划学校层面的评估策略时，评估小组成员必须对评估形成一致看法，否则实施起来将非常困难，会浪费很多时间。使用一致的评估概念，将使评估工作更有效率而不是在概念争论或不明确的假设上耗费时间。要深入理解学习成果评估的概念，还需要对其与考试、测量、评价和绩效指标等相关术语进行比较辨析。

（二）高职学习质量评估与高职学习质量评价的关系

从文献和著作中出现的情况看，学界并没有刻意去区分"评价"和"评估"这两个概念。通过文献梳理，可知二者的关系大致存在两种情况。一种情况是认为两者的含义大致相似，只是存在细微差别。比如，两者都认为是对某事物做出价值判断，差别在于评价是一个严格精确的价值判断过程，而评估则是一个模糊粗略估量的价值判断过程。另一种情况是认为评估是评价的基础，评估是以收集、综合和解释被评估者的信息为基础，寻找预期成果和实际成果的差距，分析教与学过程中存在的优势和不足，需要在教育目标和教与学的策略上做出哪些改变。评价则是利用评估信息做出价值判断，如对课程、教学或其他实体的价值或质量做出判断。可见，评估关注的是学生学习质量取得的情况，而评价不仅考虑学生学习质量，而且关注达到教育目标的情况和成本效益等。本研究中的评估侧重于第二种情况，关注的是学生学习质量取得的情况和寻求改进策略而不对课程或教学做出价值判断。

（三）高职学习质量评估与测量的关系

在教育评价发展史上，"测量"概念的出现要早于"评估"概念，测量实际上最初是自然科学的方法，是依据某些规则和程序对某些属性分配数值，从而使这些数值代表这些属性的量。这些规则和程序就是测验。测验是测量的下位概念，是测量的有力工具，通常以一套系统化和标准化程序或一系列问题的形式呈现。比如我国的四、六级英语考试利用标准化测试对学生的听力、阅读能力、写作能力和综合能力这些品质进行测量，并赋予各部分数值，这些数值代表学生在各方面品质的情况。测量是收集数量化的客观资料或数据，评估则是根据教育测量提供的客观资料和通过观察获得的质性资料进行分析和解释。

考试是一种常见的测量方式，是学习质量评估的手段之一。教师通常承担的重要任务之一就是编制各种考试，以便正确地测量和恰当地判断学生在知识、技能和职业态度方面的合适性。通过考试，教师可以检查学生学习所取得的成绩，判断是否应该授予学生相应的学分或学位，以确保学校向社会输出毕业生的质量。没有一种考试方法能为教师全面评价学生提供充分的依据。但是如果考试是依据特定需求设计的，那么这种考试就有可能为判断学生是否达到特定需求的程度而提供依据。可见，考试是众多学习成果评估手段中的一种,是一种正式的、系统化的获得学生学习行为信息的方法,通常是采用纸笔的形式,不能对情感态度及行为进行有效测量。但考试结果通常可以作为衡量学生达到学习标准的依据。

除此之外,学生学习质量评估与学生评教不同,学生学习质量评估反映的是学校或专业的全体教师和学校资源对学生的共同影响,学生评教反映的是教师个体对学生的影响和有效性。绩效指标是以定量的方式测量学习质量或学校效能的手段,将复杂的事物简化为数字,比如学生保留率、毕业率、就业率、师生比等。学校领导、雇主和政府政策制定者都比较倾向于这种简明清晰的绩效指标,因为这些定量数据很容易被理解和利用,有利于进行快速判断和决策,甚至代表了学校的质量和效益。但是目前大多数绩效指标都不能用来衡量学生学习,因为很多学习质量评估的结论是复杂的,根本不能被简化为数字。只有少量的学习质量评估结论可以用绩效指标测量,比如相对某种量规达到最低标准的学生比例。但需要注意的是这种评估结论通常是不精确的,所以学校领导或政策制定者不能仅凭此单一绩效指标就做出决策。

二 高职学生学习质量评估目的

评估目的是所有评估活动开展前必须回答的问题。正如苏斯基(Suskie)所描述的:评估要想变得真正有用,那么必须厘清两个问题,一个是为什么评估,另一个是评估结论有什么作用。[①] 笔者认为高职学生学习质量评估有两个重要目的,一是为高职院校教育质量提供有效证据以应对政府和社会的外部问责;二是改进高职学生学习质量。

---

① Linda Suskie, *Assessing Student Learning: A Common Sense Guide 2nded*, San Francisco: Jossey-Bass, 2010, p. 35.

高职院校效能通常指学校目标或使命的整体实现程度，效能是一个比较宽泛的概念，因此高职学校可以选择多种方式应对政府和社会的外部问责，比如职业、经济变动、对公民和个人生活的贡献、为社区服务和各种创造性活动等，还可能包括能够使学校实现办学目的的学校组织能力，如拥有一个合理的组织架构、资源分配制度和评估机制等，这些都超越了学生学习范围。之所以选择高职学生学习质量作为表征高职院校教育质量的有效证据，是因为学习质量是展现学校效能的重要手段，是学校效能的一个重要并且必要的维度。高职学生通过学校学习掌握了一系列胜任岗位的职业知识、职业技能、职业态度、职业道德和管理能力，并借此参与社会实践为社会做出贡献，这是高职学校兑现为社会培养合格公民的承诺的最有力证据。学生学习质量是学校效能的必要条件，但不是充分条件，也就是学校效能可以表现在很多方面，学生学习质量只是其中一个方面，但是学校效能必须包括学生学习质量。

学生学习质量评估的另一个目的是改进学生学习。近年来，国内外的高等教育机构和高等教育学校都意识到，教育质量与教和学都有关，不仅需要对教师和教学做出评估，还需要对学生学习进行记录和评估，并用这些信息改善学生学习。与利用标准化考试进行校际间的对比相比，评估在改进学校教学、学习、课程和服务方面具有更大的价值，可见，评估虽然也具有比较的功能，但是其改进的功能更为重要。学生学习质量评估是为了改进学生学习，从而得到根本意义上的教育质量提升。

三　高职学生学习质量评估意义

评估是帮助高职院校完成其使命的关键影响因素之一。学生学习质量是学校进行审查、评估和改进整个连续循环的核心。学生、教师、管理者乃至校外的社会、政府、个人和组织等都从学习质量评估中获得不同程度的益处,其中学生是最大的受益者。

对于学生而言,学习质量评估可以为学生学习提供反馈意见,有助于学生知道该如何提高学习;学生可以判断自己达到教育目标的程度,有助于认识自己的优势和不足;有助于学生主动选择和理解自己教育计划中下一个步骤;明白课程最重要的预期成果和被评估的方式,有助于为后续学习做出相应的决策。对于教师个体而言,学生学习质量评估有助于诊断学生学习的优势与劣势;有助于确定学生是否完成了所规定的教育目标;有助于改进和调整对学生学习的期望;有助于对课程核心内容的确定和取舍,为课程所需的资源提供证据,使课程和教学能更好地适应学生的需求以便提高教与学的质量。对于全体教师而言,共同参与学生学习质量评估将会促进学科之间的交流,增强了教师之间的专业对话与交流。对于管理者而言,学生学习质量评估为制定决策和改进措施提供信息和可靠的证据,为师生之间的互动学习提供更有效的各种服务。对于学校而言,学生学习质量评估有助于帮助学校确定学生是否完成了他们的教育目标,为国家、地方政府和个人捐赠者的问责提供证据,证明学校提供的持续提升的学术课程和服务的承诺,为进行未来规划和决策制定提供依据。对于行业和企业而言,学生学习质量评估有助于获得更贴切其发展需求的专业人才。

总之,学校能够从学生学习质量评估中找到教育、学习和改革的价值[1]。对学生学习质量进行的定期评估可以为制定教育策略提供依据,并表明学校对学生实现承诺的程度,有助于课程和教师的发展,更重要的是有助于学校的质量改进。可见学生学习质量评估促进了教学、课程和服务的持续改进,使学生、教师和管理者等从

---

[1] [美]博格:《高等教育中的质量与问责》,毛亚庆等译,北京师范大学出版社2008年版,第129页。

评估结论中得到直接或间接的益处。

四 高职学生学习质量评估理念

如果将学生学习视为一个系统化过程，包括学习投入、学习过程和学习产出三个过程，那么学习评估也应该包括投入评估、过程评估和产出评估三个过程，其中投入评估是教育运行的基本保障，是教育质量形成的先决条件，包括对学生主体、教师素质、课程内容和学生的投入情况等进行评估。过程评估是对学习过程中出现的质量问题进行跟踪监控，包括对师生互动、学生主动性发挥情况和学生与学校环境课内外的互动情况等进行评估，产出评估是对学习质量的直接评估，包括对学生的课程、实习实训的项目完成情况和就业情况等进行评估。而目前学生学习评估中比较重视对学习产出的评估，但也只是对部分产出进行评估，而忽视了对学习投入和学习过程的评估，尤其是对学生投入的评估。其实没有学习投入与学习过程，那么学习产出也就无从谈起，可见，三者不可偏废。以"学"为中心系统化评估理念会使师生对学习的评估有全新的认识，学习不仅是为了取得课程或项目的最终具体结果，更多的是为了增长做事能力和体验学习过程。关注学习全过程才能对学生学习进行全面评估，才能发现学习中存在的问题进而改进。学校要根据自己的实际情况制定学生学习质量评估机制，以落实教育目标与核心能力的培养，确保学生学习质量的获得。

第三节 高职学生学习质量评估的对象

因为高职学生学习质量本身所具有的抽象性、迟效性、多因素性和复杂性等特征，所以难以对其进行直接测量和评估，但是不能因此而放弃对其进行测量和评估。西班牙大学委员会假设教育质量是各基本要素结合在一起，且各要素都处于正常工作状态时才能取得，因此对其各基本要素进行评估就可知其质量水平如何。由此可见，高职学生学习质量是各影响因素相互作用的结果，对各影响因素如教学投入、学生投入和管理投入等的评估就可知其质量情况。学习成果不是学习质量本身，但它是一定质量的学习活动产生的结果，因此，学习成果可以用作评价学习活动质量的方法。[①] 学生学习活动的过程即产出学习成果的过程，是影响学习成果的重要因素，因此学习过程是学生学习质量评估的对象，对学习过程的评估包含了教师教学的投入、学生学习的投入及学校管理的投入。可见，高职学生学习质量评估的对象包括学习成果和学习过程。人们之所以一直将学习成果当作学习质量，这与目标评估模式有关，该模式一贯关注学习成果和教育目标的比较。直到20世纪70年代，评估领域的学者意识到以往的评估只注重学习的量的方面，而忽视了学习的质的方面，由此评估者开始关注学习成果和学习过程，两者是浑然一体的。

一 高职学生学习成果

学习成果起源于"基于成果"的教育模式，经常用于中等教育学校，而后在美国、澳大利亚、新西兰、英国，以及欧盟的一些国家的高校逐渐开始应用。学习成果有时也被称作学习产出，作为衡量学校教育效能表现的重要概念，对于教师、学生和学校都是非常重要的。学生学习成果是用来描述学生学习收获的，并非一个新的概念，但却是一个复杂的概念。

（一）学习成果

作为事关教育质量的重要概念，究竟该如何定义，是指学生进

[①] 陈玉琨：《教育评价学》，人民教育出版社1999年版，第223页。

入校园前后的行为改变？或是学生毕业时所测得的专业知能水平？还是对其职业生涯所产生的长远影响？学界是持有不同观点的。广义的学习成果是指学习经历对学生的影响，描述的是学习产生的长期的社会效益和经济效益，显然这些与学生学习有关，但不能等同于学生学习的直接成果，可视为学习成果衍生出来的结果。狭义的学习成果是指学习经历对学生当前造成的影响，是学生学习的直接结果，与广义的学习成果相比，它在时间上限于学校期间，即对学生在经过一段学习过程后，期待他学些什么、了解什么以及能够做些什么的描述，其内容主要包括知识成果、技能成果、态度或情感成果和获得的能力。其中，"一段学习过程"是指课堂学习、课程学习或学位学习等形式。可以看出，学习成果反映了学生学习行为对个体发展的影响，而这些影响在学习行为发生之前是不存在的。这些学习成果是学生从学习中所获得的能力，一旦获得，便能在人的各种行为中反复观察到。虽然已经获得的能力总是以人的具体行为表现出来，但又不能把能力与这些行为等同，它们只是观察能力的载体。①

学习成果随社会发展而变化，反映了社会的变化需求。比如，在信息技术革命之前，学生只需要掌握基本的读写技能就能适应社会，而在信息技术普及的 21 世纪，学生除了基本读写技能外，还需要掌握学习创新技能、信息媒体技术技能、生活和职业技能等。②不同主体对学习成果的理解不同，如学校认为学生学习成果通常指的是整体学生行为表现，如毕业生数量、就业情况、经济收入等；教师认为学生学习成果反映学生个体经过高等教育或某一课程的学

---

① ［美］加涅、布里格斯：《教学结果》，皮连生译，载瞿葆奎《教育评价》，人民教育出版社 1989 年版，第 435 页。

② ［美］特里林·菲德尔：《21 世纪技能》，洪友译，天津社会科学院出版社 2011 年版，第 6 页。

习后获得的结果，如知识、技能、能力及态度的变化。

（二）高职学生学习成果

目前学者对学习成果的概念达成了基本共识，其基本内容涉及知识、技能和情感态度等领域。学生学习成果与教育目标有关，不同类型学校所追求的使命和人才培养目标不同，学习成果就不同，如普通高校和高职院校的学习成果内容和要求就不同，普通高校注重专业理论知识的学习，高职院校注重职业能力的塑造。不同专业、不同课程的教育目标不同，对学习成果的要求和具体表现形式也不同，例如理论课程比较注重知识成果，而实践课程比较注重技能成果。美国生涯与技术教育中反复被引用的SCANS（基本技能开发委员会）的技能和能力分类包括资源能力、信息能力、交往技能、系统能力和技术能力，是美国职业教育中比较成熟的学习成果形式。

高职教育是为满足社会经济发展需要而进行的职业定向教育，具体而言其目标是为生产、建设、管理和服务等领域培养一线的高素质技能型人才，该类型人才需要具备专业基础理论知识，具备从事该专业实际工作的综合职业能力，包括跨职业领域的技能和专业岗位技能。这是国家对高职教育培养人才的综合预期描述，是高职学生学习成果内涵的凝练和抽象描述。高职教育学生与普通高等教育学生的学习成果有相似之处，但由于其职业性、实践性和应用性的特征而又与普通高等教育学生的学习成果有着明显不同。普通高等教育学生学习成果偏重知识成果、运用理论进行设计和规划的能力等，而高职学生学习成果偏重技能知识，强调职业技能和能力，比如学校希望学生经过学习后既懂得理论，又能运用理论进行实际操作，体现为对工作进行管理设计、规划和实施的能力。高职学生成果的实质是知识、技能和素质的有机统一。

(三) 高职学生学习成果的分类

人的一生需要学习很多知识，对其进行分类有助于人们对特定的教育计划所强调的某些行为有正确的看法，有助于提高学习效率。因此，学者们从不同角度对其进行分类。美国高校联合会将高等教育学生的学习成果分为五类：通识知识、专业知识、智慧技能、应用能力和公民伦理责任，并将每个成果分为三个层次。曼托斯基（Mentkowski）和多尔蒂（Doherty）将学习成果分为八个领域：交流、分析、问题解决、价值观、社会交往、环境责任意识、参与社会服务和审美。阿斯汀（Astin）将高等教育的学习成果划分为三个维度：成果的类型（type of outcome）、数据的类型（type of date）以及时间维度（time dimension）。学习成果按成果类型可划分为认知型成果和情感型成果；按数据类型可划分为心理型数据和行为型数据；按时间维度可划分为大学在学期间的成果和大学毕业后的成果。根据本研究需要，结合高职教育目标的特点与参考阿斯汀（Astin）的分类，对高职学生学习成果进行如下分类。

1. 根据教育目标，高职学生学习成果分为认知型、动作技能型和情感型。与阿斯汀（Astin）学习成果按类型分为认知型学习成果和情感型学习成果相比，本研究将高职学生学习成果分为认知型学习成果、技能型学习成果和情感型学习成果，显然，将技能型学习成果从认知型学习成果中划分出来，这与高职教育培养高素质技能型的人才目标是密切相关的，技能是高职教育人才培养目标中的重点，特别是以智慧技能为基础的技能[1]，所以技能型学习成果在高职学生学习成果中占有重要地位。

认知型学习成果与知识和高级心理活动（如逻辑推理）有关，需要对其认知学习和技能发展的过程评估。认知型学习成果包括知

---

[1] 徐国庆：《实践导向职业教育课程研究》，上海教育出版社 2005 年版，第 207 页。

识和智慧技能,知识的获得是指观点材料或现象的识记、再认或再述;智慧技能是基于复杂的思维过程,如对新观点的口头表达和定量推理、信息处理、理解、分析操作、批判性思维、解决问题和评价。工具性知识、职业技术基础知识、专业性知识和辅助性知识等属于认知型成果。动作技能型学习成果与认知和行为有关,是由大脑控制身体运动来完成程序性质活动的能力,是以认知型学习成果为基础的,由于其表现出来的是行为,所以可用严格的量表进行测量。专业技能和基本技能属于动作技能型成果。情感型成果包括学生的情感、态度、价值观、信仰、抱负、社会及人际关系等。情感包括学习兴趣、学习热情、学习动机、自我概念、满意度、快乐和审美情趣等内心体验。态度包括学习态度、生活态度、科学态度和人生态度等,针对特殊事物或特殊情况。价值观较为宽泛,是人对周围事物、人和环境的意义和重要性的看法。

与认知型学习成果相比,情感型学习成果内容繁多,但是没有特别有效的测量工具。然而,也应该看到,情感型学习成果的测量一般通过自我管理的问卷和题库都可以完成,而认知型学习成果的测量需要专业的考试管理机构监督,并且会耗费学生很多时间。很多教育者对情感学习成果采取逃避态度,认为情感学习成果是累赘或者是无用的,他们认为只要对认知学习成果进行评估就可以了,因为他们认为学校就是培养学生能力的。实际上,这与学校的教育目的是相悖的,每个学校的教育目的都会包括要培养学生良好的判断力、社会责任感、人际关系处理技能,从而成为一个合格公民。因此,任何科学的正确合理的学习成果评估方案都应该包括对情感学习成果的评估。高职院校要重点培养学生的动手操作能力,因此会比较注重动作技能型学习成果。动作技能型学习成果是以认知型成果为主要基础,以情感型成果为辅综合形成的产物。因此,动作技能型学习成果能反映认知型成果和情感型成果的特征,也因此成为高职学生学习质量评估的主要对象。

2. 根据数据类型，高职学生学习成果分为心理型和行为型。根据成果表现的数据类型，高职学生学习成果分为心理型数据学习成果和行为型数据学习成果，之所以这么分类的意义在于告诉评估者在测量认知学习成果和情感学习成果时应该注重收集何种数据。心理型数据反映的是学生心理内部的状态，心理测量通常是间接的，借助学生对一系列问题的回答进行学生内部状态的推断，例如标准化考试。行为型数据反映的是学生的表现行为，这直接反映了学生与环境的互动情况，比如辍学、转专业就属于行为型数据。因为行为测量通常反映了人与环境的互动，所以行为测量也可以认为是社会学测量。

3. 根据"一般"与"特殊"维度，高职学生学习成果可以分为一般学习成果和特殊学习成果。在本研究中，"一般"是普通的意思，"特殊"是专门或专业的意思。高职的教育目标是培养学生的职业能力，即从事一门或若干相近职业所必备的能力。能力是成功完成一项任务所具备的认知成果和非认知成果的总和，是个体在变化情境中的行为、知识、价值观和目标的混合。在职业教育中，有很多国家在学生能力方面做了深入探索，将学生能力分为一般能力和特殊能力，一般能力是由一系列能力组成并且在大范围内使用，是一种跨职业的、具有促进性、不可缺少的和可迁移的能力。特殊能力或者称为职业能力，是指从事某职业所必备的知识和能力。

根据高职学生能力分为一般能力和特殊能力，高职学生学习成果可分为一般学习成果和特殊学习成果，一般学习成果通常包括学生社会心理、态度、价值观及其读写算、信息技术、人际交往、道德和责任等基本知识和基本能力，是教学生如何做人的知识，与学科联系微弱，具有跨学科性。特殊学习成果通常包括职业知识、职业技能、职业行为及职业道德等方面，是教人如何做事的知识，与学科联系紧密。特殊学习成果是学生取得学历的必要条件。学生做人与做事是相互依赖的，在做事中学做人，在做人的基础上做好事情。

总体而言，目前高职院校对一般学习成果（知识、动作技能和智慧技能）认识模糊，并且不统一，忽视对一般学习成果的培养，学校比较重视特殊学习成果的培养。而一般学习成果虽然在学习中占有很小比例，但却是取得更大学习成果的基础，因此需要将它的意义阐述清楚。一般知识成果通常包括多种能力，每门课程中应该包含一种或多种这样的能力渗透在每门课程中，学生才有机会反复学习和使用。培养学生的专业知识和技能及提高动手能力是高职教育的重要目标，但不是唯一的目标，如果高职教育只关注学生的职业能力，那么教育中的某些重要维度都会贬值，如为学生提供深度学习的机会、帮助学生挖掘自己的潜力等。所以高职院校应该把培养人作为其重要目标，将职业技能培训、个性发展、人格完善有机结合起来，全面提高学生的综合素质与能力。

4. 根据"显性"与"隐性"维度，高职学生学习成果可以分为显性成果和隐性成果。显性和隐性是相对于其是否容易被观察和测量划分的，"显性成果"是通过教学或讨论，比较容易获得、辨别和测量的成果，如认知型学习成果。"隐性成果"是指需要长期学习和领悟的知识，相对较难获得、辨别和测量。在认知领域中，一般知识成果和特殊知识成果是学校教学的大部分内容，相对容易习得和测量，因此它们属于显性成果。至于智慧技能表现为学习方法和学习策略等，这是在学习活动中慢慢习得的，并无专门的教学内容，特别是一般技能成果更是如此。因此，智慧技能是隐性习得，但可以通过一定手段进行显性测量。情感领域学习成果通常是学生对事物的观点和内心活动，因此大部分是隐性成果。动作技能学习成果必须表现为一系列行为，因此大部分属于显性成果。

值得注意的是，将学习成果以不同角度进行分类，是为了便于辨别、收集、测量和比较学习成果，都是人为划分的角度，其实学习成果的不同成分都是相互重叠和相互依赖的[①]。一种学习成果会涉及几个维度，会有多个属类，比如技能属于认知型成果、行为型数据和显性成果；态度属于情感型成果、心理型数据和隐性成果；对学校的满意度属于情感型成果、心理型数据和隐性成果。本研究选择的"认知""动作技能"与"情感""心理型"与"行为型""一般"与"特殊"和"显性"与"隐性"四个维度进行分析，这为学校实施评估提供了参考框架，也为选择合适的收集信息和测量的方法提供参考依据。

二 高职学生学习过程

目前在高职教育中，学生学习评估的依据多取决于考试的分数，对学生学习过程不够重视，把认知目标作为中心目的，只关注学生成绩及认知水平的发展，而忽略了教学活动中学生参与的主动性。学生学习过程中的学习动机、学习态度、学习策略等都是动态表现的，如果采用形成性评估或总结性评估都很难对这些动态因素进行测量和评价，因而需要对学习过程中能够反映学习质量的资料加以分析和评估。高职教育的职业性、实践性和应用性特点使传统的评估方法如纸笔测验显得不足以概括和反映其全部，而学习质量更多地体现在学习过程中，因此学生学习质量评估需要重视对学习过程的评估。

（一）评估重视学生学习过程的理论简析

马克思主义认为世界是过程的集合体。因此世界上任何事物以

[①] Bowen, H. R., *Investment in Learning: The Individual and Social Value of American Higher Education*, New Jersey: Transaction Publishers, 1977, p. 32.

及事物之间都是动态的过程，自然界、社会和精神领域也不例外，它们都是作为一个过程的动态系统整体存在和发展着。怀特海认为过程是事物的各因素在时空中构成联合体而进行的内在运动。过程是事物存在的方式，事物存在的过程就是变化和发展的过程，离开过程，事物就不会存在，更谈不上变化和发展了。他还提出有机体的根本特征是活动，活动表现为过程，而过程是构成有机体的各元素之间具有内在联系的持续过程。[①] 这种关于过程的哲学观念对于学习活动的过程具有重要启示。学习活动是在教师的指导下，以学生为主体的教育活动，它以过程的形式存在和展开，离开过程便无法理解学习活动。学习过程是师生、学生与学生之间信息、情感和思想沟通交流的过程，是学生知识与技能、情感与态度以及价值观从量变到质变的过程。

建构主义学习理论认为学习是学生在教师预设的环境中，在教师的指导下，通过积极与情境交互从而实现自主建构的过程，是学生认知结果改变的过程。对学习进行评价是为了促进学生的知识建构，因此，知识建构的过程比知识建构的结果更有意义和价值，评估过程与学习过程应该整合一体。通过对学习过程的评估，教师可以有效了解学生学习情况和教学质量，学生可以更加了解自己的学习情况，从而教师有意识地改进教，学生有意识地改进学，这有助于学生学习质量的提高。

（二）高职学生学习过程的特点

广义上的学习过程是指学生在学校环境下与教师、同学相互作用获得能力和体验的过程，一般较为模糊，没有特定的学习目标和内容，通常是与整个校园中的人与物进行相互作用，其评估主要内容为学生对整个求学期间的感受和体验。狭义的学习过程是指学生

---

① ［英］怀特海：《过程与实在》，杨富斌译，中国城市出版社2003年版，第30页。

在教学情境中通过与教师、同学以及教学信息的相互作用获得知识、技能和态度的过程。这是对所有学习过程的抽象和概括，一般都是指正式学习如课堂学习，具有特定的学习目标和学习内容，这是学生学习的主要渠道。高职教育课程中的文化课程和部分专业学科课程采用课堂学习方式，其他的专业课程采用实践学习的方式，如工作本位学习、行动导向学习、项目导向学习和能力本位学习等，这些学习过程存在相似之处，它们是学习质量生成的重要组成部分，其特点会直接影响学习质量评估方法的选择。

高职学生学习过程的行动性是由其学习内容决定的。高职学生学习内容主要是以技术知识为主，而技术知识的功能性、表征方式、过程性和逻辑性等特征决定了学习过程的行动性[1]，只有在与真实任务直接接触的过程中，个体才有可能获得真正意义上的知识和实践操作的能力。杜威的"做中学"理念和皮亚杰重视学生的活动和经验的理论倾向都证明了行动是有效的学习方式，其中参与和经验是行动的两个重要表现维度，是影响学习效果的重要因素，而在"以教为中心"的氛围中往往忽略了学生行动的重要性。不仅如此，行动还是检验学生学习效果的有效方式。技术知识学习的目的是掌握知识，即形成实践操作的能力，其掌握的效果必须通过主体主动地将技术知识和工作任务结合的过程和结果进行检验。其实，在完成任务的过程中，除了展现其实践操作能力外，还展现了其管理能力、应变能力、职业态度、职业习惯和职业精神等隐性内容。可见，行动是检验学生综合学习效果的有效途径。

高职学生学习过程的职业情境性与工作过程有密切关系，高职学生学习过程是以工作过程的典型内容为基础，由教师进行专门设计和指导，以便将干扰学习的影响因素降到最低的学习过程，是一

---

[1] 徐国庆：《实践导向职业教育课程研究》，上海教育出版社2005年版，第247页。

种简略的有目的的工作性学习过程。建构主义学习理论认为学习在本质上是情境性的，是主体与情境相互作用的结果，强调知识的获得需要主体能动性的发挥与情境的支持。缺乏职业情境支撑而获得的知识往往具有惰性，这些知识往往只是被学生知道，但不能被很好地运用到学校以外的情境中，即不利于发生知识的迁移。情境学习强调了职业理论知识和实践操作技能的融合，往往以项目教学和角色扮演等形式进行，其优点是弥合了职业理论知识与实践操作技能相脱离的状态，实现了"学中做"和"做中学"的理念，拓展了学生参与学习的程度，增强了学生的学习动机和学习兴趣，同时理论与实践得到即时的相互印证，这种学习和工作融合起来的教学设计既能提高高职学生学习的针对性，又能避免单纯工作过程的低效性，从而节约了师生的时间和精力，降低了培养成本，达到培养个体往后工作中所需的学习能力和职业习惯的目标。

综上所述，鉴于学习投入与学习过程交融一体，学习过程是学习投入的动态体现，学习投入反映学习过程的基本情况，因此，高职学生学习质量评估的对象从"学习投入、学习过程和学习产出"转化成了"学习成果和学习过程"。上述对高职学生学习成果和学习过程的分析为构建高职学生学习质量评估指标框架提供了依据。笔者本着探索的态度构建了高职学生学习质量评估指标框架，结构和内容如表4-1所示，其中，高职学生学习质量是评估总目标，其内容包括学习成果和学习过程两个一级指标，学习成果包括认知型学习成果、动作技能型学习成果和情感型学习成果，学习过程包括学生基本特征、教师和学校环境。结合二级指标，对高职学生岗位所需知能进行分解得到三级指标，这些三级指标的具体内容与专业相关。该框架是对高职学生学习质量评估指标内容的初步的粗略的构建，旨在为高职学生学习质量评估实践提供参考，随着评估研究的深入和评估实践经验的积累，将会对此框架不足之处进行完善。

表 4-1　　　　　　　　高职学生学习质量评估指标框架

评估总目标	一级指标	二级指标	三级指标
高职学生学习质量	学习成果	认知型学习成果	阅读能力
			信息能力
			沟通能力
			系统能力
			解决问题能力
		动作技能型学习成果	基本技能
			专业技能
		情感型学习成果	交往能力
			合作能力
			职业精神
			职业伦理
			职业理想
			价值观
	学习过程	学生基本特征	学习态度
			学习习惯
			学习基础
			学习动机
			学习能力
			学习观念
		教师	教师素质
			教学观念
			师生互动
		学校环境	学业支持
			生活支持
			人际氛围
			校风学风

第四节　高职学生学习质量评估的主体

第四代评估理论要求各利益相关者包括被评估者参与评估活

动，注重评估者和各利益相关者之间的对话和协商，最终在平等民主的互动氛围中达成一致的评估结论，共同承担促进教育发展的责任，彻底改变了以往评估者单方控制评估活动的局面，充分体现了评估思想的人性化和民主化。可见，在建构主义评估理论的影响下，评估主体将呈现多元化趋势，各利益相关者之间将呈现民主化态势。评估主体与各利益相关者包括被评估者之间将一改以往的管理与被管理的关系而成为平等的关系。这些思想将为高职学生学习质量评估的改革带来全新的视界。从宏观上看学生的学习是整个学校的责任，据此，评估也应该是整个学校的责任，评估需要整个学校群体包括教育管理者和学生的广泛参与，甚至与学生具有间接关系的校外利益相关者，如雇主与校友也有权利参与评估，他们的参与可以将社会的最新需求及时反馈给学校和教师。

一　教师

学校教育教学理念无论是以"教"为中心还是以"学"为中心，教师作为最了解学生学习情况的人，应该是高职学校学生学习质量评估的主体，是评估活动的具体实施者，即教师依照培养目标、课程目标对学生学习进行评估。高职师资通常是双师型队伍，主要由专职和兼职教师构成，所有教师的共同责任是为学生提供优质的教育，其中包括对学生学习进行评估。评估为教师提供了反思教学的机会，但评估结论不可以作为衡量教师教学工作成效的依据。教师应该认识到评估是一个持续过程，侧重于理解、记录和改进学生的学习，评估是教学工作的一部分，不断改进应该成为教学的常态。

从理论上讲，学生学习质量评估能为教师带来很多益处，依照常理教师应该是积极参与才对。但是现实中教师参与评估的积极性并不高，这是因为当下的评估多是为了应对学校的要求而过于形式化，全体教师在评估过程中耗费大量时间和精力写上级要求的评估报告，然而评估报告并未带来有用的信息，何况教师的时间十分宝贵，几乎逐渐变为稀有资源，教师应该将大量的时间和精力投入准备教学和实际教学中，而不是为了满足上级要求写评估报告。更有甚者将评估结论与教师绩效相关联，殊不知，抹杀评估效果最快的方法就是用评估结论评价教师，特别是用评估结果去惩罚教师，毫无疑问，这是教师不喜欢评估的直接原因。可见，如何激发教师参与评估的积极性成为棘手的问题之一。因此，为了激励教师参与评估，评估活动的管理者应该设法将评估与日常教学整合起来，以促进教师对学生学习评估的研究，但又不会给教师带来额外的工作量。此外，教师的评估素养也是影响参与评估积极性的重要因素。教师是直接接触学生学习的群体，是学生学习质量评估的主要执行者，其评估素养直接关系到评估的质量，但是大部分教师缺乏评估的知识和实践，往往也很少有机会发展自己的评估技能和知识，正如苏斯基所言，多数教师缺乏评估领域的正式训练[1]，因此，学校需要对教师进行从评估理念到评估技术的全方面培训，应该鼓励教师多参加专业发展会议，为教师提供直接参与评估的机会，鼓励教师合作并分享自己的评估方法和结果，从而提高教师的评估能力。

根据全面质量管理理论可知，学生学习质量产生于学习的全过程，与学校提供的全方位资源和环境有关，与学校全体员工有关。可见促进学生学习是全体教职工共同的责任，其评估是由学校全体教职员工实施而不是政府等外部机构发起，全体教职工参与学生学习质量评估意味着他们在人才培养目标方面已经达成了共识。但是

---

[1] Linda Suskie, *Assessing Student Learning: A Common Sense Guide 2nded*, San Francisco: Jossey-Bass, 2010, p. 88.

全体教师参与评估似乎不太现实或现在还不能达到这种程度，因此学校可以逐步实施全面参与的思想。值得注意的是，高职教师队伍中的兼职教师群体，他们大多会同时从事多份工作，只经常在晚上或节假日教学，与学校联系薄弱，也不一定熟悉教育教学知识，也不参加学校的相关会议，很多兼职教师一般情况下是没有时间和精力投入评估，最主要的是学校给予的工资也不能激励他们投入评估。但是兼职教师在高职教师队伍中占据较大比例，是高职教师队伍中的重要群体，因此，兼职教师也应该参与评估，因为他们会对学生学习产生重要影响，他们是自己课堂嵌入式评估的主体。可见，学校应该鼓励兼职教师根据实际情况灵活参与评估而不是硬性规定。

二 学生

随着教育思想的不断发展，学生在教学中的地位也在不断变化。从赫尔巴特传统教育到进步主义教育、到要素主义教育、到人本主义教育，在教与学的关系上出现了"以教为主"与"以学为主"的争执，其主体在教师与学生之间变换不定，但学生评估主体的演变并非如此。学生作为教学活动的重要参与者，与学习评估有密切的利益关系，但是在现实中几乎看不到学生参与的影子，而是教师一直居于评估主体的位置，学生始终是被评估者。形成这种现象很重要的原因是，与学生相比，教师拥有丰富的知识和经验，具有权威性；教师是教学的中心，主导着整个教学活动，学生只是教学活动的被动参与者。师生之间是管理者与被管理者的关系，毫无平等性可言。对于学生学习评估，教师完全主宰其全过程；对于教师给出的评估结果，学生则是无条件接受，丝毫不能质疑。以教师为主体的学习评估，完全抹杀了学生在学习中的主体地位和作用，对改善学生学习作用极小；忽视了学生学习过程中的感受和经验，可见，这种评估必定是片面的。

学生是被评者和被管理者，总是处于被动地位，其权利和需求往往不易被全面准确反映甚至被忽视。直到人本主义教育思想复兴后，这种现象才出现改观，学生逐渐成为学生评估的主体。虽然这是教育民主化思想实践的结果，但是这与评估的目的也密不可分。评价作为一种揭示主体和客体之间关系的观念性活动，其实际所把握的应该是"价值主体的需要与价值客体的属性与功能的关系"[①]，可见，评估主体对价值主体需要的把握是评估活动的关键。在他人评估与自我评估中，只是评估主体发生了变化，价值主体始终是学生，所以把握学生的需要是很重要的。他人是站在旁观的角度对学生的需要进行判断，学生作为教育服务质量的直接感知者，对自己的需要更明白，所以学生有能力、有权利、更有责任表达自己的需要。学生作为被评估者的同时也应该成为学生学习质量评估主体。

三 学校

教育部实施的高职院校评估是以政府为主体的外部评估，通过制定评估指标体系间接对高职院校内部评估产生影响，旨在鉴定和审核教育质量。学校是人才培养的具体实施者和教育质量的主要责任者，改进教育质量仍须依靠学校自身，可见，学校是学生学习质量评估的主体。不过学校应该处理好自身和政府的关系，坚持内部评估为主的同时，也要主动发挥外部力量的正向功能，以共同推动评估的实施。[②]

学校作为学生学习质量评估的主体和领导者，通过制定政策和

[①] 冯平：《评价论》，东方出版社1995年版，第35页。
[②] 黄海涛：《美国高校"学生学习成果评估"的特点与启示》，《教育研究》2013年第4期。

创建评估文化的方式参与评估，主要表现在以下三方面。

首先在理念上，学校要重视教育质量，要将其视为学校所有部门的发展中心，只有持有这种理念，学校才会努力去收集学生学习成果的信息，因为学习成果的信息能够为决策者制定政策提供最直接依据。其次，要有组织保障，因为学生学习成果评估是整个学校的事务，所以为了保证评估的质量，则需要高职院校指派专人或设立专门的学生学习评估管理部门，负责协调和管理行业、企业以及各部门的评估工作，也可以直接参与评估，如专业管理人员和教师共同开发学习成果评估计划。为了保证学生学习评估部门的正常运作，那么需要与其他部门如学生处、教务处和各院系之间进行合作，需要教师与教育评估专家、教育心理学专家和学科专家等合作，因此，学校应该进行制度设计以保障各部门工作的协调性。最后，为了更加深入开展学生学习成果评估的研究，学校需要努力创建一种评估文化以保证评估，这是一个有意义的过程。学生学习成果评估是件费时费力的事情，它需要教师具有很强的责任感，能够正确理解教育的使命，将评估视为教学工作的一部分，感到促进学生学习是其责任和义务。学校要以评估文化氛围来引导教师参与评估，而不是完全依靠制度强制教师参与，将参与评估从"要我评"变为"我要评"的自觉行为。

四 行业和企业

与普通高校相比，高职院校因其所具有的职业性而与行业和企业联系更为紧密和直接，显而易见，行业和企业是高职院校重要的利益相关者。从理论上看，职业院校培养出来的学生质量越高，越有利于企业经济效益的提高。在实践中，很多学校的评估主导是单一的教育部门，还未形成行业企业和社会等利益相关者多方参与的评估机制。这种现象是多种原因造成的，其中原因之一是职业教育的效能主要是由宏观的经济发展体现的，而有很多企业觉得效果甚微或者并未感受到，所以企业没有动力参与校企合作。① 在进行高职院校评估时，企业也就沦为边缘参与者甚至被撇在评估者之外，更别说行业、教师、学生和家长了。目前，行业和企业作为利益相关者仅限宏观层面上参与高职院校的教育教学，但其力度严重不足。在微观层面上，企业作为职业教育质量监控和评估的主导者却几乎没有涉足学生学习评估，而学生学习评估又是人才培养质量的关键环节，因此，行业和企业作为利益相关者有权利也有责任参与到学生学习评估活动中。

在宏观层次上，行业作为桥梁要协调企业和学校的利益和冲突。建构主义评估理论认为评估是利益相关者共同的心理建构，如何协调建构过程中利益相关者之间存在的价值冲突是成功建构的关键。基于我国高职发展的实际情况，行业应该是首当其冲的协调者，因为行业是各个部门如企业、社会和学校的信息反馈和交流的汇集地；行业通过协调和磋商可以化解利益相关者的价值冲突，将他们的利益连接起来，这在一定程度上有利于激发和推动利益相关者采取行动。以行业为主导的社会中介评估组织是有自主权的法人实体，而不是附属于政府；但是鉴于目前行业的发展还处于弱势地位，所以行业成为最理想的利益协调者还需要政府赋予一定的行政权和自由权。②

在微观层次上，行业要发挥在人才培养方面的作用，因此需要成立全国性的职业教育行业指导机构，所幸我国已经于2010年12月成立了全国行业职业教育教学指导委员会。虽然，我国在《职业教育法》中确立了行业在职业教育中的地位和作用，但由于规定较

---

① 白永红：《中国职业教育》，人民出版社2011年版，第173页。
② 杨彩菊、周志刚：《第四代评价理论对高等职业教育评价的启迪与思考》，《中国职业技术教育》2012年第30期。

为粗略，缺乏可操作性，因此，行业在职业教育中的作用发挥得并不尽如人意。在人才培养方面，行业应该负责进行行业内就业需求预测和职业分析，制定相应的职业能力标准，要与行业（企业）共同制订专业人才培养方案，实现专业与行业（企业）岗位对接；协助学校和企业进行学生学习评估，通过制定评估标准，便于实行学分互认机制。行业作为各方利益相关者的联系纽带，应协助政府实施职业教育政策，并将学校与企业的相关信息反馈给政府；给予学校教学提供指导和监督。学校与行业可以合作共同制定人才质量标准和职业能力标准，共同开发课程和教材，安排与指导学生定岗实习，参与专业设置和学生学习评估等，这样使企业和学校的供求信息通畅，减少了职业教育的盲目性，提高人才培养质量的有效性，突出了学校的办学特色。

在第四代评估理论的启示下，高职学生学习质量评估形成了宏观上以学校为主导、微观上以教师和学生为主体、以行业和企业共同参与的评估共同体，打破了传统学生学习评估中教师单方面主导的格局。各评估主体之间相互平等，在不同的情境下，评估主体的作用略有差异，比如，学校和教师偏重于校内的学生学习评估，企业偏重于学生在企业实习或顶岗实习期间的评估，企业对于毕业生的评估是从用人部门的角度出发，侧重于对其岗位上的评估，其中包括在校习得能力的评估。学生在企业顶岗实习期间，学生学习评估应该以企业为主，企业管理人员将学生学习情况及其评估意见及时反馈给高职院校，这有助于高职院校调整教学和课程。行业和企业参与评估克服了教师因专注于教学科研而不能及时把握行业和企业的动态人才要求的弊端，保证了人才培养按照社会需求的方向进行。

第五节　高职学生学习质量评估的功能

随着教育质量研究的日渐深入，学生学习质量越来越受到人们的关注。近年来，对学生学习质量进行评估已经成为研究的热点，并且也取得了新的理论成果和实践成果，教育者对学生学习质量评估的功能也有了更加深刻的理解和认识。功能是指活动本身所具有的能引起活动对象变化的功效和能力。高职学生学习质量评估的目的是促进和改进学生学习，依照此目的，学生学习质量评估则具有以下五种功能：诊断功能、引导功能、反馈功能、激励功能和改进功能。

所谓诊断功能是指学生学习质量评估具有对学习的质量和问题做出诊断的功效和能力。学生学习质量评估的过程是评估者利用评估工具收集学生学习的相关资料，并对其进行严格的分析，根据评估标准做出价值判断，分析学生学习活动中的优势和问题，找出原因并采取改进措施的过程。通过学生学习质量评估，微观上可以帮助教师发现学生的初始能力、兴趣爱好和学习目标等方面的优势和不足，针对存在的问题分析学习中的不利因素和产生学习困难的真实原因，宏观上可以帮助学校发现在为学生学习服务的过程中，哪些部门做得好，哪些部门做得不足，可以发现学生的需要是什么，哪些得到了满足，哪些没有得到满足等。诊断就是找问题的过程，是利用评估发现学生学习中存在的问题，找出影响学习质量的因素。学生学习质量评估和看病就医一样，只有经过科学的诊断才能对症下药。评估的诊断功能在提高学生学习质量上具有特殊重要的作用。

所谓引导功能是指学生学习质量评估能够引导包括学生、教师和学校等利益相关者朝着共同的目标前进。学生学习质量评估的目标和指标及权重等是由利益相关者共同制定和共同接受的，是引导学生学习和教师教学的指向标，是引导学校高效办学的指南，可以帮助学校辨明自己的育人使命和转变教育观念从而达到人才培养目标，对他们起着无形的指挥作用。通过学生学习质量评估，教师可以更加了解学生的学习，更加确定教什么和怎么教，通过教师对教学目标的具体化和评估标准的明确化，学生则更加清楚地知道应该学习什么、怎么学和学到什么程度。学生的学习活动总是会按照评估所要求的方向进行，这是一个永远不会改变的规律。[①] 因此，教师应该将有价值的学习目标详细地告知学生，充分利用学生学习质量评估的引导功能，使趋向目标的行为得到强化，背离目标的行为得到弱化，通过评估不断地接近和达到目标，指引学生进行高效高质量的学习。最终使学生在思想上形成自觉地按目标的要求和步骤进行学习的意识。通过学生学习质量评估，教师和学校将以"促进学生学习"为工作的中心，从而自觉地、有目的和有意识地为学生服务。

所谓反馈功能是指学生学习质量评估具有将评估信息反馈给学生、教师和学校等利益相关者的功效和能力。反馈使学生学习质量评估构成一个持续不断的循环。学生学习质量评估的反馈功能可以修正学生、教师和学校的行为，不断提高自身行为的正确性和有效性。通过评估，学生可以根据反馈信息了解自身学习的真实状态，清楚自身的优势和不足，反思在今后学习中如何保持优势和改进不足；教师可以根据反馈信息了解学生的学习基础、学习兴趣和学习风格等特征，了解自身教学中存在哪些问题，为下一步教学的开展提供依据；学校可以根据反馈信息反思在为学生服务过程中取得了

---

① Paul D. Eggen, Donald P., *Kauchak. Educational Psychology: Classroom Connections* (2nded)，转引自蔡敏《当代学生课业评价》，上海教育出版社2006年版，第15页。

哪些成就和存在哪些不足。总之，评价的反馈功能促使各利益相关者对现状进行反思。反馈必须及时、信息必须可靠畅通，否则反馈的效果就会大打折扣。

所谓激励功能是指学生学习质量评估能够激发学生产生实现预期目标的内在动力，调节自身的行为，提高学习的积极性和创造性。每个学生都具有获得教师较高评价和认可的愿望，这种心理现象决定了学生学习质量评估具有激励功能，如果得到了教师积极的正面评估，那么学生心理上会得到满足，学习主动性就会增强，反之，学习主动性会降低。为了更好地发挥评估的激励功能，应该让学生积极参与评估，最大限度地展示自己的努力和取得的成就，在评估方法选择上应侧重于绝对评估和形成性评估；教师和学校应该制定适当的学习评估标准，学生经过努力能够达到的标准，以更好地调动其积极性。评估者的心理、道德、品质和评估的实施程序等会直接或间接地影响激励功能的发挥。

所谓改进功能是指学生学习质量评估具有使学生学习得到不断完善和优化的功效和能力。评估最重要的意图不是为了证明，而是为了改进[1]，改进功能是评估最基本最悠久的功能之一，自从评估诞生以来就产生了。评估的目的就是针对存在的问题，分析问题产生的原因，制订解决问题的方案并付诸实施。通过学生学习质量评估，学生可以明白自身学习过程中的问题，在教师的帮助下或进行自我反思找出原因，采取相应的学习改进措施，如改变学习态度、学习习惯和学习方法等；教师可以根据学生学习质量评估的结论采取相应的教学措施改进自身教学中存在的问题；学校可以根据学生学习质量评估的结论采取相应措施改进学习环境，以便更好地满足

---

[1] ［美］斯塔弗尔比姆：《方案评价的 CIPP 模式》，载瞿葆奎《教育学文集》，人民教育出版社 1989 年版，第 298 页。

学生需要。

　　学生学习质量评估的诊断功能是为了发现问题，引导功能为评估活动参与者指明方向，反馈功能是将评估信息反馈给相关人员以为采取的改进措施提供依据，激励功能是为了调动评估活动参与者的积极性和主动性，改进功能是根据反馈信息采取相应改进措施，共同为评估目的服务。它们之间并没有明显界限，而是与评估过程融合在一起的，每种功能都贯穿于评估过程的始末，只是在某个阶段会有所偏重。评估功能依托评估活动才能实现，因此需要完整严谨的评估活动才能实现评估功能的发挥。

第六节　高职学生学习质量评估伦理

　　当前我国教育评估研究主要集中于评估内容、评估模式、评估技术、评估中存在的问题及对策等领域，也取得了丰富的研究成果，但唯独评估伦理还没受到学者的关注。其实，伦理在日常工作和生活中是非常重要的，对人们的主观意识和客观行为无时无刻产生着无形的影响。

一　评估伦理的发展脉络

　　伦理遍布每个领域，教育领域也不例外。每个教育者在教育教学过程中都需要遵守一些基本价值观念或伦理原则。教育与社会有着各种各样的密切联系，教育评估也不例外，可见任何教育评估都不可避免地着有政治和伦理的色彩和意义。[①] 在评估理论发展过程中，其科学性备受关注，而伦理性则是随着第四代评估的兴起才

---

① 阎光才：《教育评价的正当性与批判性评价》，《北京师范大学学报》（社会科学版）2003年第2期。

逐渐受到重视。在前三代教育评估中，其秉持的"现实的客观性和价值中立原则"致使评估者认为：通过描述教育现实并且揭示教育规律是其使命所在，甚至将此作为评估的最高准则，这意味着凡是研究的干扰变量都应该被消除或控制。因此，评估者为了达到评估目的，很可能会在被评估者不知情的情况下侵犯其隐私甚至利用他们。评估者控制变量，揭示因果关系，环环相扣进行逻辑推理，其目的是找出事情结果的责任者。第四代评估理论的建构立场是被所有参与者所接受，其各自的建构也是被关注和尊重的，在平等和相互尊重的前提下进行协商，最终达成共同建构，这个建构将比任何个体的建构更完善和成熟。

科学性和伦理性的有机结合才能构成完美的教育评估，如果缺乏前者，评估结论的客观性会下降，不能使人信服；如果缺乏后者，评估的过程将会失去人文性，那么评估过程可能难以持续①。评估者与各利益相关者具有共同的教育责任，因此应该赋予他们参与评估的权利。可见，"人"在评估中的位置越来越重要，伦理也得到了相应的关注，评估者与评估对象的关系从"不平等"到"平等"，评估对象角色从"评估客体"到"评估主体"等都体现了评估伦理的进步，这将有利于保护评估对象的权益，有利于进一步发挥评估的功能，提高教育评估的声誉，增强评估者的威信。

二 高职学生学习质量评估伦理的内涵

伦理学源远流长，被视为哲学的一个分支。从词义上分析，伦理中的"伦"是有序之义，表示事物之间的关系，"理"是指事物内在的规律，不仅包括事物的客观规律，还包括事物的应然规律，

---

① 吴小强：《大学教育评估信息传播的伦理思考》，《广州大学学报》（社会科学版）2007年第11期。

那么"伦理"则是指人们对社会关系的应然性认识[①]。可见，伦理可界定为处理人与人之间关系的合理合法的准则或规范。随着时代的发展，伦理已经从指人与人之间的关系扩展至人与事物之间的关系，通常是指个体在处理自身与周围的人或事物之间的关系时应该遵守的准则和规范。评估伦理是评估活动实施的公正性与客观性的保证，是各级各类评估活动不可缺少的因素之一。在学生学习质量评估中，被评估者是具有主体性的人而不是物，因此评估必然会涉及人与社会、人与人的关系，特别是评估者如何处理其与被评估对象、评估委托者及其相关参与者的关系时所会触及的伦理行为。学生学习质量评估伦理是指评估者对学生学习情况进行评估时应该遵循的一些规范和准则。价值判断是学生学习质量评估的基础，伦理原则是价值判断的前提和基础。也就是说，若评估伦理缺失或模糊，那么学习成果评估的价值判断将会失之偏颇，对学生做出不公正不准确的判断，从而影响学生发展。可见，评估伦理对顺利进行学生学习质量评估和实现评估目的具有非常重要的意义。

三 高职学生学习质量评估伦理的向度

台湾学者认为"评鉴并非仅是技术性的操作，其中蕴含着知识论、方法论、政治、伦理等议题的思考与探究"[②]，这种观点得到了我国学者的认同。评估伦理触及评估的每个环节，如评估过程的合理性、公正性和透明性，评估结论的公信力，评估带来的奖罚是否适当和有益，评估是否会影响到正常的教学工作，评估是否会为教师带来额外的工作量等评估理念、思维方式、评估制度、评估行为

[①] 倪惊襄:《伦理学导论》，武汉大学出版社2002年版，第9页。
[②] 潘慧玲:《教育评鉴的回顾与展望》，台北：心理出版社2005年版，第5页。

以及人际关系方面的问题,它们潜移默化地影响着评估,如果这些问题处理不当,则会引起评估参与者的消极思想甚至反感,从而影响评估方案的实施及效果。可见,评估伦理之于评估是非常重要的。学生学习质量评估是学校在办学思想和理性指导下,遵循一定的道德伦理规范由全体教师对学生学习进行诊断、分析和改进的活动,其中的伦理规范是教师和学生思维和行为的指引和约束,其具体表现在学校评估过程中的伦理取向,如宏观层面的制度建设和环境建设应该遵从的规范,微观层面的评估者之间和评估者与被评估者之间应该遵从的规范。

宏观层面的伦理建设主要包括制度层面和环境层面,这两者是评估伦理实现的基本保证。评估制度是学生学习质量评估的基本保证,主要包括评估体系、评估标准及评估规范等在内的一系列规章制度,是参与评估者所必须遵守的。评估制度的伦理主要表现在评估所依据的法律与政策等所具有的道德合理性,这是利益相关者积极参与评估的前提,制度所蕴含的正确、合理的伦理追求能够积极引导评估者做出正确的价值选择。评估环境是指学校的评估氛围,如师生对于评估的态度和参与的积极性,是学生学习质量评估实施的重要条件,通常与评估目的相匹配的环境其评估效率较高。在制定评估制度和营造评估环境的过程中,需要处理好教育评估机构与学校的关系,评估机构通常具有一定的行政权力,但是并不能取代学校是学生学习质量评估的主体,同时学校应该具备评估主体的意识;学校要明白学生学习质量评估是学校自我诊断的一种方式,是为了找出存在的差距以便实施改进而不是为了排名;评估机构只是发挥外部监督的作用,两者相互联系相互制约,使内部与外部的评估目标相一致,从而实现评估的合理性和公正性。

微观层面的伦理主要涉及评估者之间和评估者与被评估者之间

的关系，学生学习质量评估涉及的人员范围很广泛，包括在校学生、毕业生、教师、管理者、领导、雇主和家长等，为了增加评估的客观公正性，有时还会邀请校外专家参与评估，以便接受科学合理的指导。专家通常拥有丰富的学校管理经验和评估实践经验，其评估知能较为丰富，但其行为需要受到的法律和道德规范的约束，否则就会出现专家权力的滥用，违背了学生学习评估的初衷，损害了学生及其他利益相关者的切身利益。其实，法律和道德对专家的约束是外在的，更多的是依靠专家自身的道德素质，尤其是其职业道德素质，良好的道德素质有助于个体道德规范的内化，有助于树立正确的价值理念，自觉抵制一切外来不良因素的影响。在评估实践中，评估专家常常为了所谓的公正性而过分追求科学性和客观性，甚至采用了违背伦理的手段或方法，其实这是对公正性与科学性、客观性之间关系的误读，两者固然有联系，但含义并非完全相同，此外评估还有一个非常重要的特性是合理性，在合理性的前提下追求公正。教师作为学生学习质量评估的主要群体，我国很多教师和师范生并未受过评估知能的专业训练，因此需要对在职教师进行评估素养继续培训，师范生需要进行评估专业课程的学习。其他评估参与者也应该知晓评估伦理的原则，这有助于每个人和每个群体争取其应得利益，即正当物质性和精神性追求，以及实现应得利益的正当途径和合理方式。

　　上文从宏观和微观两方面探讨了评估伦理的体现和建设。评估制度和评估环境是评估伦理实施的保证，合理、明确、完善的评估制度和评估环境有利于评估顺利有效地开展；评估者是评估伦理实现的执行者，其素养高低将会关系到评估伦理实现的程度。如果评估者评估素养不高，不能充分积极利用评估制度和评估环境，那么即使制度和环境是合理完善的也不能产生预期的效果。如果评估者素养很高，那么即使制度和环境有不完善之处，评估者也可能克服困难完成评估,但是评估的效果不可能完全尽如人意。因此,两者是相辅相成的,评估制度和环境都需要评估者制定和营造,也需要评估者严格执行才能落于现实,可见,评估者的素养是实施评估最基本的条件,评估者素养高了,才能制定和营造出适应现实的制度和环境,才能将评估精神发挥到极致。学校应该全力以赴营造公正、求实和改进的评估环境,教师、管理者与学生应该树立重视自评的态度,正确对待和配合外部评估,从而使评估顺利进行并达到预期目的。

四 高职学生学习质量评估伦理的基本原则

学生学习质量评估伦理是在普通伦理学的基础上,结合学生学习评估的自身特点和需求而形成的,也可以理解为是普通伦理学在学生学习评估领域的具体化。学生学习评估中的评估者和被评估者都是具有主体性的个体,他们之间的关系是动态常变而非一成不变的,并且评估伦理形成于评估过程中,因此学生学习质量评估伦理的内容是动态的、生成的,评估者需要根据所面对的学生学习评估的情况进行随机变化。但这并不意味着学习成果评估伦理就没有了原则。作为实施评估活动的专业规范,评估伦理的规范和原则旨在调节评估活动,需要评估者共同遵守,提升评估质量的品质。根据蒂洛在其著作中提出的五大人道主义伦理原则"生命价值、善良、公正、诚实以及自由"[①],笔者认为学生学习质量评估的基本原则包括以人为本的原则、民主的原则、高效的原则和实事求是的原则。

(一) 以人为本的原则

以人为本是学生学习质量评估的基本价值取向,是评估主体在

---

① 参见[美]J.P.蒂洛《伦理学:理论与实践》,孟庆时等译,北京大学出版社1985年版,第143—149页。

评估中所秉持的价值观的体现，这影响着评估方法和评估模式的选择。以人为本的原则反映了学校回归至"培养人"的基本使命和开始注重教育的内在价值，其最终目的是促进人的发展。学生学习质量评估是由学校自主或按照上级的要求进行的，属于微观层次。这与教育部组织的宏观层次的评估不同，宏观层次的评估一般是自上而下进行的，学校是被评估者，要接受上级部门的评估和审查，凸显了评估者与被评估者的管理关系。微观层次评估一般是自下而上的，学校作为评估的主体，除了更有效地备战上级部门的评估任务外，更重要的是为了找出教学中的问题进行改进，以促进学生学习和提高教育质量。以"人"为本中的人不仅指学生，也指教师及管理者。学生学习评估最重要的是为学生学习服务，但是教师和管理者可以根据评估结论改进自己的教学和工作，从而使自身素质得到提高，这也是"教学相长"的表现。评估应该维护他们的根本利益，比如，不能将评估结论作为评判教师绩效的依据，否则会影响教师参与评估的积极性；不能将学生只看作评估客体，为了获取信息而违背学生意愿等。

（二）民主的原则

民主作为一种思想，涉及政治、经济、文化和教育等领域，常见于人们的生活和工作中，经常与人们追求的自由平等相联系。从世界范围内看，教育民主在20世纪初被提出，在20世纪末得到大力弘扬，其间各种教育思想的精彩纷呈，都与之息息相关，可见教育民主的理念是引领20世纪教育发展的主线，也必将成为21世纪教育的主旋律。同时，这种趋势也体现在评估理论发展之中，在近百余年间，评估理论的发展主线从"管理思想"逐渐演变为"民主思想"。在学习成果评估中提倡民主原则，其意是让民主的观念和思想渗透到评估过程中，并成为评估者的行为准则。

民主意味着评估参与者之间是平等的，有权利表达自己对教育评估的需求。学生学习质量评估的校内利益相关者主要包括教师、学生、学校领导与管理者，校外利益相关者主要包括雇主、毕业生、家长和评估机构等，虽然这些评估者之间分工不同，但在权利上是平等的，都有权表达自己对评估活动的诉求。如学生作为学习的主体，与传统评估相比，学生角色从"被动被评"转变为"主动参与"，有自我诉求表达的权利，主要表现在重视学生自评和互评；师生之间是平等的，教师是帮助和引导而不是主宰学生学习，民主的氛围有助于师生表达自己的意见和建议，两者的融洽关系有助于评估工作的实施；教师和管理者之间不是管理与被管理的关系，而是管理者为教师实施评估提供服务而不是硬性管理。除了平等之外，民主也意味着主体拥有一定的自主权，在评估许可范围内管理者应该给予教师一定的自主权，教师可以根据学生、专业和课程的特点自主选择和制定适切的评估模式，这样有助于反映学生学习的真实情况。

（三）高效的原则

任何活动的开展都需要投入资源，包括人力、物力和财力等，都需要考虑投入与产出、成本与效益等问题，这也是经济伦理学领域研究的重要问题，低成本高效益是所有行业共同追求的目标。学生学习质量评估属于学校教育管理活动之一，亦会涉及成本与效益问题。在评估的准备、实施和改进等阶段需要消耗大量的人力、物力、财力和时间成本，其中人力主要依靠一线教师的投入，其次是管理者、领导和学生等参与者。

学生学习质量评估追求的效益与物质生产部门的效益有所不同，它以达到评估目标的程度来衡量，以改进学生学习质量为最终目的。提高效益是所有评估参与者都必须铭记于心的评估理念，学校领导是评估中的灵魂人物，其理念和决心直接影响着学习质量评估的成效。一线教师作为评估的具体执行者，在思想上必须认识到评估是其正常教学工作的一部分而不是额外的工作，不能因为教学科研任务繁重而牺牲了评估所需的时间和精力。促进学生学习是教师和管理者的共同责任，因此需要教师和管理者积极主动的配合。学生作为学习的主体，有权利参与学习质量评估，同样也有义务配合教师和管理者进行评估，当然，学生参与的积极性与教师和管理者的正确引导是相关的。为了提高评估效益，学校领导、教师、管理者和学生等都需要参与制定和实施学生学习质量评估方案，使各方的利益诉求得到表达并达成共识，将评估活动融入日常教学工作，这样能够节省较多的人力成本和时间成本，从而有助于提高评估效益。

（四）实事求是的原则

实事求是原则是由诚实原则在学习评估领域中演化而来的。诚实意在表述对人对事诚实，不欺骗不造假，诚实原则存在于各个领域，具有普遍意义，是社会最基本的伦理规范之一。评估作为提升学习质量的一种手段，必须反映学生学习的真实情况才能达到促进学生学习的目的，因此实事求是的原则应该贯穿评估全过程。

无论哪一层级学习目标的制订，都必须本着实事求是的原则，保证其可行性是学校、教师和学生经过共同努力能够实现的学习目标。高职教育在制订人才培养目标时应该根据社会需求的实际情况进行制订，不能照搬普通本科学校的培养目标；专业在制订学习目标时应该根据专业实际情况进行制订，在通识教育基础上突出专业和职业特色；教师在进行课程目标设计时，应该根据课程、学生的初始特征包括生理特征、心理特征和掌握学习的实际状况进行制订。学生学习质量的证据是指能够反映学生日常真实情况的证据而不是学生在最好状态时的证据，因此证据的测量和收集是在学习常态下进行，比如在课堂上、在活动中等自然学习情境，这样可以保证证据的原始性和真实性。同时，学生应该积极真实地配合而不是刻意表现弄虚作假，尤其在学生学习情况调查过程中，更应该将自己真实的需求和对学校的期望表达出来。测量和收集评估信息必须实事求是，这直接关系到后续工作的真实性和可信性。评估者运用质性或量化的方法和工具对评估信息进行客观分析，而不是依照预设的结论进行分析，这才能反映学生真实学习情况的过程。在此基础上，评估者才能对学生学习进行客观公正的评估，才能发现学生学习过程中真正存在的问题和学生的需求，而这正是学校下一步应该着力改进的地方。

高职学生学习质量评估理论是教育评估理论在学生学习质量评估领域的具体体现，因此本章在一般教育评估理论的基础上对其在高职学生学习质量评估中的体现进行具体阐释，其中包括高职学生学习质量评估的含义、评估目的、评估意义、评估理念、评估对象、评估主体、评估功能及评估伦理。高职学生学习质量评估是一种评估学生学习情况的行动研究，通过收集和分析学生学习质量的相关信息，进而寻求改进策略而不是对教师和课程等作出价值判断，其根本目的是改进高职学生学习质量，同时也为高职院校应对政府和社会的外部问责提供证据；其意义是评估结论可以为制订教育策略提供依据，有助于教学、课程和服务的持续改进。考虑到高职学生学习质量生成的全程性和复杂性，所以高职学生学习质量应该包括学习成果质量和学习过程质量，其评估理念应该是以"学"为中心的系统化评估理念。基于利益相关者的视角，高职学生学习质量评估主体是以学校为主导，以教师为主体，学生和企业行业共同参与的评估共同体。高职学生学习质量评估具有诊断功能、引导功能、反馈功能、激励功能和改进功能，它们是学校开展评估的内在动力并且依托评估活动共同发挥作用。高职学生学习质量评估伦理是调节和指导高职学生学习质量评估活动的规范和原则，渗透到评估理念、思维方式、评估制度、评估行为以及人际关系之中，潜移默化地影响着评估活动。这些高职学生学习质量评估理论的探讨为高职学生学习质量评估的实现奠定了基础。

第五章

高等职业教育学生学习质量评估的实现

高职学生学习本身就是一种复杂的活动，牵涉众多因素。高职学生学习质量评估作为判断和估量高职学生学习情况的一种活动，它必然应该是一种有计划的和系统的而不是盲目的和零碎的活动。上一章中解决了为何评估、由谁评估、评估什么等问题，那么这些评估元素之间是如何联系在一起进行工作的，即如何评估，则是本章的重要内容，主要包括高职学生学习质量评估的基本原则、基本方法、评估实现的程序及评估的运行机制等内容。这为高职院校实施学生学习质量评估提供了基本行动框架。

第一节 高职学生学习质量评估遵循的基本原则

随着外部问责趋势的发展，评估越来越被认为是证明学校成败的重要手段[1]。虽然每个高职院校在进行学生学习质量评估时所采

---

[1] Alexander W. Astin, *Assessment for Excellence: The Philosophy and Practice of Assessment and Evaluation in Higher Education* (2nd edition), Washington: Rowman & Littlefield Publishers, 2012, p. 236.

用的测量方法和遵循的原则都会有所不同，但还是有几项是所有评估所必须遵守的，这些原则有助于学校研究当前的评估活动和制订符合本校的原则，也有助于领导者和决策者理解评估所需的条件和意义。

（一）学生学习质量评估必须依据明确的教育价值。评估是教育质量改进的推动力，有效的教育实践必须以学校对学生的期望为出发点，并且还需要致力于帮助学生达到期望。教育价值不仅决定评估什么，而且还决定了评估的方式。如果评估不考虑教育价值，那么评估将会成为简单的学习测量而不是有针对性的质量改进过程。

（二）当评估反映了学生学习的多维性、整合性和复杂性时，评估才是最有效的。学习是复杂的活动，不仅涉及课堂内外的知识、能力、态度及价值观的形成，而且还涉及这些要素所表现出来的行为。因此，学生学习质量评估应该采取多元的方法，以便于对学生学习的复杂性进行全面还原，找出学生学习中存在的问题并采取相应措施加以改进。

（三）清晰的评估目的是有效评估的前提。评估是基于目标进行的活动，是将教育实际效果与教育期望或目标相比较的过程，教育期望与学校的使命、专业目标、课程目标及学生学习目标有关。如果教育目标和评估标准不明确，不能被评估者和全体师生所理解和接受，那么学生学习评估活动将是盲目的和低效的。因此评估应该促进对教育目标的关注，清晰、共享和可行的教育目标是评估活动的基础。

（四）学生学习质量评估注重学习成果及其学习过程和学习经验。对于学生学习评估而言，关于学习成果的信息无疑是重要的，这是学生学习期间最大的收获。但是如果提高学习质量，评估者还必须关心学习成果产出的过程——学习经验，即关于课程、教学和学生的努力等形成的混合体。学生学习评估有助于教师深入了解有效学习发生的最优条件，从而为学生创设最优、最适宜的学习环境。

（五）学生学习质量评估活动应该是持续性而不是片段性的。学生学习评估是一种累积性过程，质量的改进得益于评估效果的长期积累，比如学校对学生个体或群体学习质量的跟踪、对学生学习证据的持续采集、对学生学习过程的持续监控等。因此学习评估应该以持续性精神为指引，同时还要不断地进行自我评估。

（六）众多教育利益相关者的参与是评估改进与效果提升的关键。学生学习是学生、全校教师和管理者的共同责任，评估是履行责任的一种方式。学生学习评估的初始阶段，可能涉及的利益相关者较少，随着评估活动的深入开展，各个利益相关者将逐渐加入评估的行列中，教师一直是评估活动中的重要责任者，但是学校的领导、管理者、学生和图书管理员等也是不可或缺的参与者，从更广的范围而言，还会涉及校外的利益相关者，比如毕业生和雇主等，他们的参与可以拓展对学习目标和评估标准的深入认识。可见，评估不是少数人，如评估专家或管理者的活动，而是利益相关者合作的活动，参与者越多，审视学生学习的视角就越丰富，所收集的学习信息也就越充裕。

（七）学生学习质量评估必须以人们关注的学习问题为出发点。评估信息对于学习质量改进非常重要，当然，这些信息必须与所要解决的问题是密切相关的。因此，为了从各利益相关者方面获取可信的证据，需要在评估过程中采用多元的评估方法，这就需要有预设的评估方案，对信息的采集和使用事先做出设计。评估的要点不仅仅是收集数据和汇报结果，而且是要以决策者的问题为评估起点，收集学习数据并做出解释，以达到帮助学生学习质量改进的目的。

（八）评估是教育改革的必要组成部分。当评估成为教育改革的必需部分时，学生学习评估才能发挥其最大的改进功能。评估的最大贡献莫过于改进了学校教与学的质量，学习成果的评估信息是学校进行决策的依据。评估发挥其改进作用需要校园评估文化及氛围的支持，比如提高教育质量是全校所有工作的基本目标，学校的工作计划、财政决策以及人事决策都是以改进学生学习质量为核心。

（九）学生学习质量评估为学校向学生和社会的问责提供证据。在国内外，高等教育属于准公共产品，无论公立还是民办的高校，都会或多或少地获得国家财政的资助，因此，学校有义务向国家、社会、教育经费捐助者、学生和家长等证明教育投入和教育产出的情况，即学生达到教育目标和教育期望的情况。其实，为问责提供证据并不是学习评估的主要目的，它最重要的目标是改进教育质量，这对于学生、教师及社会等利益相关者都是有益的，同时，这些利益相关者也是质量改进的重要支持者。

第二节 高职学生学习质量评估方法

方法是指关于解决思想和行动等问题的程序。教育评估方法是指在具体评估中可操作的手段和程序，带有很大的应用性质。与教育评估方法类似，高职学生学习质量评估方法很多，根据是否可以被数量化可分为两类：定量评估方法和定性评估方法。

一 定量评估方法

定量评估方法是对高职学生学习成果和学习过程的相关资料进行数量化分析，进而对高职学生学习质量作出判断的评估方法。定量评估方法试图把复杂的学生学习简化为数量，从数量分析和比较中推断学生学习的成效。运用合理的量化评估方法可以全面客观准确地描述高职学生学习成果和学习过程，从而发现隐藏在学生学习过程中存在的规律。定量评估方法所依据的实证主义方法论，其假设是评估者只要遵循一定的方法和原则，就可以将评估结论进行推广。定量评估方法主要适用于高职学生学习的显性成果，如学生学习是否达到预设目标。定量评估方法具有标准化程序，是自上而下、从一般到特殊的演绎，其过程主要包括提出问题、做出假设、定义变量、抽样分析和得出结论几个阶段。定量评估方法常见的类型有观察法、实验法、测量法和调查法。定量评估方法一直占据着高职学生学习评估的主导地位，其优点是逻辑性强，能对教育现象的因果关系做出推断和分析，标准化程度高，结论较为客观科学，从理论上讲，它也具有较好的推广度；其不足是，定量评估方法忽略了那些不能被量化而又特别重要的因素，注重评估的客观性而忽略了评估的主观性。

二　定性评估方法

定性评估是随着人们对教育评估的性质和功能的认识逐步发展形成的。定性评估方法是利用一定的方法，收集评估对象发展的信息，对信息进行整理分析，用描述性语言对高职学生学习成果和学习过程的发展情况做出全面评估的过程。与定量评估方法重视对学习成果的评估相比，定性评估方法更重视对学习过程的评估。定性评估方法的评估目的倾向于促进高职学生的整体性发展，强调评估的情境性，评估方法付诸实践过程中往往因为情境的变化而有所变化，注重利用评估结论改进学生学习和教师教学的整体过程。定性评估方法的基本形式包括参与性观察、深度访谈、表现性评估和档案袋法等。定性评估方法的优点是从微观层面对教育现象进行比较细致的描述和分析，有助于了解高职学生学习成果和学习过程的复杂性，注重在自然情境下了解学生学习发生的全过程，其形式是自下而上建立理论，有助于理论的创新；其不足之处在于不能对事件的因果关系进行推断，不具有良好的信度和效度，其结论的代表性差，不能获得推广。但是随着信息技术的发展，定性评估方法收集资料和分析资料将会变得越来越容易，这会促使其在更大范围内得到应用。

三 定性定量相结合是最佳的评估方法

高职学生学习质量是教师凝结在学生身上的劳动增量，也是学生主动性学习的结果。由于高职学生学习质量本身的抽象性、复杂性、迟效性、多因素性、职业性和实践性，所以使用单一的评估方法如定量评估方法或定性评估方法难以显现其全貌。因此，在高职学生学习质量评估实践中需要采用定性定量相结合的评估方法。除了这是高职学生学习质量本身特征的要求外，这也是教育、评估和管理学等社会科学和行为科学领域研究的发展趋势所在[①]。

评估方法背后所隐藏的世界观或价值体系即评估范式虽然不能直接作用于评估实践，但却是理解评估方法和有效指导评估实践的保证。定量评估方法受实证主义范式支配，定性评估方法受建构主义范式支配，而定性定量相结合的评估方法则是受实用主义范式支配，其要旨在于根据研究问题选择适合的评估方法，能够有效解决问题的方法，而不拘于范式或方法的优劣，即以"实用有用"为选择标准。定性评估方法和定量评估方法的结合可以取长补短，在实践中取得相得益彰的效果，从而实现实用高效的高职学生学习质量评估。因此，评估者需要消除非此即彼的选择纠结，深刻认识和理

---

① ［美］阿巴斯·塔沙克里、查尔斯·特德莱：《混合方法论：定性方法和定量方法的结合》，唐海华译，重庆大学出版社2010年版，第Ⅱ页。

解二者的优点和缺陷，熟知二者的使用范围，结合具体的评估目的和评估要求选择评估方法，灵活把握二者的结合点，才能对学生学习质量进行整体深入的研究，才能做出接近学生学习质量真相的评估报告。

第三节 高职学生学习质量评估的层面及其内容

鲍尔（Bauer）曾说自高等教育开始，评估就以各种形式存在着，根据不同的评估目的和需要，评估者对数据的需求也不同，从而形成了不同的评估层次：对学生学习的评估、对课程的评估、对专业的评估、对学校的评估和对系统内不同学校的评估。它们层级依次升高，学生学习评估处于最低位置，是所有评估的基础。学习评估是一种对学生在学校期间习得了什么以及达到学习目标的程度的系统性调查活动，通常是由对教育质量证据的追寻所驱动，整个评估过程往往围绕着"学生收获"和"学校或教师对学生期望"两个问题进行。结合高职院校的实际情况，高职学生学习质量评估主要包括高职课程层面的学生学习质量评估、高职专业层面的学生学习质量评估、高职学校层面的学生学习质量评估，其中课程层面的学生学习质量评估是基础。对高职学生学习质量评估层面的划分有助于评估信息的收集和评估实践的操作，而高职学生学习质量评估层面内容的选择则为评估实践，如指标体系的制订提供了可参考的内容或者维度。

一 高职学校层面的学生学习质量评估及其内容

学校层面的学生学习质量反映了学校的教育使命，相对较为抽象，每个学校的教育使命都不相同，因此学校需要结合各自的实际情况和办学定位对学生学习质量进行阐释。学校需要制订毕业生的核心能力和行为标准，这是所有学生都必须达到的首要目标，也可以说是达到毕业的最低要求；所有的专业层面学习成果和课程层面学习成果的制订都必须以此为依据，从而形成课程层面与学校层面学习成果的联系，使学校、专业和课程这三个层面的学习成果一致。

学校应该向外部利益相关者提供学生学习的证据，进而能够发现存在的问题并采取改进措施。高职学校层面学生学习质量评估一般包括学生基本情况、学习资源的使用情况、财政状况和教育目标实现情况等方面。学生基本情况包括学生注册人数、退学率、转学率、新生资质、新生入学率、毕业率、就业率、职业资格获取率和雇主满意率等；学习资源的使用情况包括图书馆、现代教育技术教学、体育设施和实习实训实验室的利用情况；财政状况包括获得各级政府的资助、各界人士和校友的捐助及企业的资助情况；教育目标的实现情况包括规定时间内完成基本技能、综合教育和学业学生数及百分比、高职院校地方学生入学率等。这些内容有助于学校认识学生学习的基本情况、教育教学的基本情况、发现存在的问题甚至可以进行校际之间的比较，同时也为外部问责提供了教育质量的证据。

此外，学校还要对学生学习期间的满意度和学习经验进行各种调查，这是对学校各项服务的综合调查，其内容通常会涉及前文阐释的学习质量影响因素，如教师教学、学校管理、就业指导、学生心理咨询、学习支持（图书馆、互联网、实习实训中心等）、后勤生活服务和课程设置等。这些调查一般按学生群体进行，比如新生调查和毕业生调查，新生调查主要是为了掌握学生学习的起始特点，毕业生调查主要关注学生满意度和学习经验，这是与入学时期相比调查学生的在校期间的学习收获。学习经历或满意度调查的目的在于间接搜集学生学习的信息和证据，获取学生对学校提供服务的反馈，以增加学生学习经验，提高教育质量。学校通过直接和间接的方式收集学习成果证据，除了为周期性评估提供证据外，更主要的目的是促进学生学习和帮助学生取得更大成就，这是学校一切工作的核心，也是学校坚持不懈地收集与分析师生的表现并寻找改进教育质量的途径的重要原因。

二　高职专业层面的学生学习质量评估及其内容

专业层面学生学习质量是专业教育目标的反映，其学习成果是学校层面学习成果在专业内的具体化，是和专业紧密结合的，是对该专业所有学生的期望。学校层面的同一个学习成果在不同专业的学习成果的含义不同，比如，学校学习成果是学生需要具备熟练操作的技能，那么对于服装专业和电工专业将是不同的，因此，专业教师在制定学习成果时需要明确指出该专业的具体期望，以便于师生更好地理解和掌握。专业学习成果可以分为显性成果和隐性成果，显性成果容易表述，隐性成果则较为模糊且不易表述，因此，学习成果需要全体专业教师共同制定，这样制定出来的学习成果才会比较全面和完整。高职专业层面的学生学习质量评估内容包括学生基本情况、学习资源的使用情况、财政状况、教育目标实现情况、课程设置和教师工作量等方面。学生基本情况包括学生新生资质、新生入学率、毕业率、就业率、职业资格获取率和雇主满意率等；学习资源的使用情况包括图书馆、现代教育技术教学、体育设施和实习实训实验室的利用情况；财政状况包括获得学校专业建设的资助；教育目标的实现情况包括规定时间内达成专业学习成果的学生数及百分比等；课程设置包括专业理论课程、专业实践课程、基础课程、选修课程及讲座的内容和比例，所有课程是否可以达到专业人才培养目标等。这些信息的收集有助于专业团队了解学生学习和教师教学的基本情况，从而发现问题并进行改进，为学校层面评估提供数据信息。

专业根据自身情况和学校评估任务确定合适的测量工具，如调查、标准化考试和小组访谈等形式。为了便于对学生学习成果进行比较和分析，一般需要全体教师共同制定专业学习成果评估标准——学习标准。每个学习成果都需要在每门核心课程中得到体现和测量，即每个学习成果都会得到多次检验，从多门课程中收集数据，判断学生学习成果满足专业教育目标的程度，并以帮助学生获得更好学习成果为目的而提出课程改进的策略。专业层面的学生学习质量评估是以专业为单位，每年进行一次，它将对达到和未达到教育目标的情况做出总结并对师生公布，对于全部达到标准的情况，则需要提高学习标准。专业层面的学生学习质量评估旨在改进教师教学和学生学习，同时也为周期性专业评估提供资料。

此外，还有服务学习（service-learning）成果评估，服务学习是以学生"服务社区"的形式开展，最后获得知识、技能和多方面能力的发展，从而培养公民责任感和健全个性，当然在服务社区的过程中离不开教师的指导。服务学习整合了"社区服务"和"学术学习"两种学习形式，整合了"学会服务"和"在服务中学习"两种行为，也实现了"为了更好的学生"和"为了更好的公民"两种教育目的的整合[1]。服务学习类似于高职教育中的实习实训，在真实的职业环境中学习，这是高职教育学习成果中的重要部分。服务学习需要运用多门课程的知识和技能才能完成，因此是学生学习成果的融合。通过服务学习，学生不但将所学知识得以融合形成综合能力，还可以对学习的意义理解更为深刻，同时，也培养了他们的公民责任感。

---

[1] 张华：《论"服务学习"》，《教育发展研究》2007年第5A期。

三　高职课程层面的学生学习质量评估及其内容

课程是落实教育目标的重要手段，课程层面学生学习质量是课程目标的反映。课程学习成果是学生在学习完某门课程后所获得的知识和技能。课程层面的学习成果评估是由教师个人为其所授的课程确定学习成果形式，并评估学生达到学习成果的程度，以改进教学和教学资源，从而促进学生更好地取得这些成果，其目的是帮助学生提高具体课程的学习成果，帮助教师更好地进行教学和阐明学习成果。在确定课程学习成果时，教师需要反复琢磨学校层面的学习成果形式，结合课程的内容和特点将其与教学大纲内容进行整合和阐述，需要指出的是，每门课程所包括的学习成果数目都是有限的，一般数目大概是三到五个，不可能覆盖学校层面的所有学习成果。根据高职教育的特点，其学习成果评估可以围绕职业、技能和实践三个维度进行。

课程层面评估不仅限于学习成果评估，还包括学习过程与教学方法的评估，例如课程教学意见的调查，该调查内容包括学生对自己的学习投入、教师教学内容、教学方法和教学态度等的满意程度，表明了学校对学生学习需要和学习经历的关注。高职院校的课程有普通文化课程、专业基础理论课程和专业实践课程，每类课程都有不同的特点，课程评估的方法也不尽相同，因此课程评估看起来显得很复杂。如果依据课程学习成果的性质，可以将学习成果分为显性的学习成果和隐性的学习成果，前者可以采用学业成绩如测验、标准化考试和资格证书等方法测量，可以用学生考试的合格率、优良率等指标表达；而隐性的学习成果（如道德、学习态度和学习习惯）的评估就显得困难些，往往在每门课程中并不能得到有效测量，所以课程学习中的隐性成果一般都转移到专业层面的评估中。课程学习成果评估是每门课程每年都需要进行一次的。

四 三种评估之间的关系

仅有学校层面学生学习质量评估不足以反映各个学校专业方面的差异和优势，因此需要把学校层面、专业层面和课程层面的学生学习质量评估结合起来。学校层面学生学习质量评估、专业层面学生学习质量评估、课程层面学生学习质量评估三者应该是一致的，是平行的，这将会节约很多时间和经济成本。课程层面是所有评估的基础，课程层面的评估数据经过多重方法的重新汇总，可以为教学大纲评估、学校层面评估、专业层面评估等提供具体的评估数据和资料。学校层面评估通过制定政策和方案对专业层面和课程层面评估进行引导和管理，因此要注意其评估内容对于每个专业都要具有兼容性和专业之间的可比较性。专业层面和课程层面是学校评估政策和方案的具体实施，体现学校的办学思想、教育理念、评估精神和学生的受益情况。学校层面评估是周期性的，旨在对全校学生学习进行评估，通常与外部认证机构评估内容保持一致。

根据全面质量管理理论，专业层面的学生学习质量评估是连接学校层面评估和课程层面评估的重要纽带，是学校层面评估精神和政策的具体实施者，是课程层面评估的领导者，是维持学校日常教学运转的关键，是负责质量生成和质量监督的层面。它偏重于对学生学习成果综合效用的评估，如对学生综合职业能力、学生智能结构特点、道德水平（职业精神、职业态度和职业习惯）的评估。专业层面学习成果评估的目的是促进和改进学生的专业学习，其对象是专业全体学生。其评估也具有周期性，不同专业的评估周期不同。在评估周期内，所有的专业学习成果都会得到评估，但是每年都应该从学习成果中选择其中几个作为评估的重点，而不是一次性对所有专业学习成果进行评估。每年的评估都是一个完整的过程，包括学习质量证据的收集、分析与反思，采取改进措施并对改进效果进行评估。专业层面的学习成果也需要以可测量的方式表述。由于其针对的是专业的所有学生，因此其概括性强，简明扼要，但是难以观察和测量。因此，专业层面的学习质量评估最终还是需要依托在课程层面的学习成果，这与课程学习成果相重叠，呈现具体化且便于测量。专业拥有较大的评估自主权，可以自行决定对哪些成果进行评估、什么时间评估、用什么方法评估等。学校会为专业提供一些建议和指导，比如量规、对教师的评估培训和评估模型等。

第四节 高职学生学习质量评估实现程序

美国中部各州高等教育委员会（The Middle States Commission on Higher Education）认为，有效评估应该是有用的、成本效益适当的、合理准确真实的、仔细计划的和组织的、系统的和持续性的。因为学校环境和学生学习都是在不断变化的，评估为了保证其对学校和学生学习的有用性也应该随着实际情况而变化，因此评估本质上应该是持续性的；评估是需要人力、物力和财力支持的，因此要考虑评估成本，特别是教师的时间成本。[①] 可见，评估要进行系统化安排，且过程简单便于操作。学生学习质量评估是收集信息以检验学校提供的服务和活动是否对学生产生了预期效果的过程，一般包括四个阶段：设计、实施、分析与反馈，具体步骤如图5—1所示，包括制订学生最重要的学习目标、测量与收集学生学习成果证据、分析学生学习成果证据、评估结论的解释与运用。

---

① Barbara E. Walvoord, *Assessment Clear and Simple: A Practical Guide for Institutions, Departments, and General Education*, San Francisco: Jossey-Bass Publishers, 2004, p. 29.

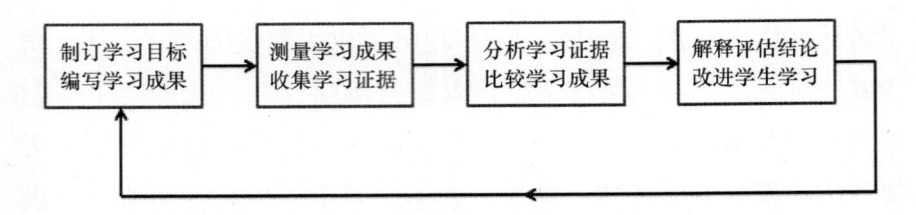

```
制订学习目标      测量学习成果      分析学习证据      解释评估结论
编写学习成果  →   收集学习证据  →   比较学习成果  →   改进学生学习
      ↑                                                     ↓
      └─────────────────────────────────────────────────────┘
```

图 5—1　高职学生学习质量评估实现程序

一　高职学生学习目标的制订

高职学生学习成果评估是指学生学习前后在知识、技能和工作经验等方面的变化达到预设目标的程度。预设目标是学生在完成某一任务时教师希望学生知道什么或能做什么，其存在于很多领域并且有不同的层次，比如毕业、课程学习乃至课外活动都包含学习目标。宏观上而言，目标指的是学校或专业的最终目标，微观上而言，目标指的是课程或课堂目标。可见，学习目标是学习成果评估的起点。因此明确最终达成的目标是关键，这是推动学习成效评估的第一步，也是最重要的一步。

（一）学习目标的制订

泰勒（Taylor）认为："教育目标应该与学校所信奉的教育哲学是一致的；教育目标应该与专业、课程的特点相结合而形成具体化、可操作化的目标；教育目标要适合于学生的需要、兴趣和现有水平。"① 在制订教育目标时，学校的教育哲学只是一种指导理念，而专业特点、课程特点和学生需要才是制订明确教育目标的关键。高职院校及各专业需要根据人才培养要求确定核心能力，进而确定最终学习目标，然后规划和开设实现核心能力培养的课程。最终的学习目标应当且必须为学生所理解和认同并达成共识，变成自觉行动的指南。每个教师在开设新课程时都要思考：该课程是否有助于

---

① ［美］泰勒：《变化中教育评价概念》，汪世清译，安徽教育出版社 1989 年版，第 23 页。

实现学生核心能力的培养以及如何达到培养目标。在核心能力以及最终学习目标的确定过程中，学校管理人员、教师、行业企业、学生、校友甚至家长等多个主体都要参与。行业企业参与学习目标的制订有利于将社会需求及时反映给学校，将会使高职院校教育教学活动更具针对性，学生将会受到更有效的教学，获得更贴近现实需求的能力，同时行业企业也能获得更适合的人才。

（二）理解学校目标、专业目标与课程目标的一致性

1. 学校教育目标以学习成果形式表达

在教育研究中：目标在不同情境下有不同的含义，比如使命、目标和目的等，使命（mission）一般表达简洁、概括性的目标，目的（goal）比使命（mission）略微详细，泛指一般活动或项目目标，目标（objective）则比目的（goal）还要具体，一个目的可以包括多个目标。由此可见，学校人才培养目标其实表达的是其育人使命——即毕业生应该具备的能力。比如美国约翰逊社区学院的愿景是通过学习改变生活，使命是促进学生成功，支持学生进行创新培养探索精神，专注于为社区服务和致力于不断改善；其奉行的价值观是革新、正直、合作、卓越、自我价值和尊严等。学校的愿景、使命和价值观主要是引导教师进行教育教学，但由于其过于宏观不便操作，因此需要对使命进行细化。如约翰逊社区学院的学习成果是：获取和评估信息的能力，如用批判性思维选择、分析、评估和综合材料，选择适当的查询方法，理解和评估书面、视觉和数字信息的相关性和可信度；礼貌地与他人合作的能力，包括作为成员的有效参与的能力，尊重他人文化和价值观，具有责任感；通过清晰准确运用语言进行有效沟通，如清楚地阐明概念、口头和书面意见和理论，表达书面或图形形式的定量信息，人与人相处的人际沟通技巧；理解人类社会的多样性，如识别和比较来自不同社会文化及人行为的多样性，能从多个角度对政策或伦理进行批判；运用

数字、符号和图形信息的能力，如从表格、图表和原始数据中提取定量信息，确定合适的信息并用适当的方式表达出来；理解、分析和综合书面、视觉和听觉的能力，如展现理解复杂书面信息的能力，总结多种内容，连接多种相关内容的能力；选择和运用适当的技巧解决问题的能力，如识别并定义一个相关问题，选择和执行适当的定性或定量的方法来探索一个解决方案，收集、分析、优化和综合证据，最终确定最佳的解决方案；有效和负责任地使用技术，如有效地利用计算机技术和新兴技术，应用技术时注意道德伦理。

2. 专业教育目标和课程教育目标以学习成果形式表达

学校学习成果为专业教育目标和课程教育目标的制订提供了中心。专业的教育目标（goal）是根据学校使命，结合本专业特点而制订的，通常是对宽泛和长期的预期目的和教学活动的预期成果的描述，较为粗略，如专业想培养学生清楚的沟通、解决问题的技能等，因此还需要进一步细化为可操作的课程目标（objective），该目标一般是对预期学习成果简明清晰的陈述，比如具体的技能、价值观和态度。其实课程目标还可以进一步细化为单元目标甚至课堂目标等。如图5—2所示，从塔尖到塔底，学校教育目标、专业教育目标和课程教育目标是一致的，但是变得越来越清晰具体，同时也表明了学习目标是从宏观的学校使命转变为微观的教学单元。多层次的目标细化是为了确保教学、课程中的每一步都能让学生一点点接近较为长远的目标。

学生学习成果是教育目标的具体化，学习成果评估要求学校提供清晰的和可衡量的教育目标，这是开展评估的第一步也是关键的一步。从管理角度看，从宏观到微观，学校教育目标有学校层面、专业层面和课程层面，其对应的学习成果是学校层面学习成果、专业层面学习成果和课程层面学习成果，其中，课程目标和课程层面学习成果处于最底部，是专业层面学习成果和学校层面学习成果的

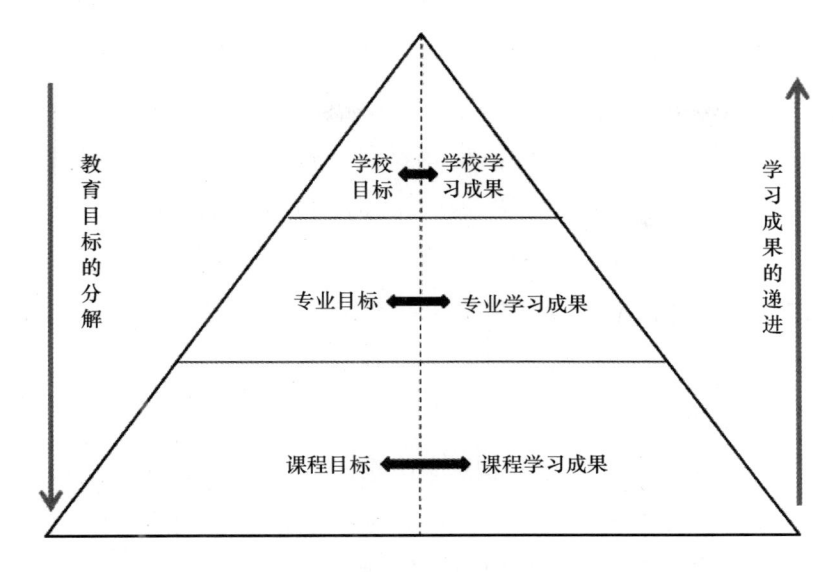

第五章 高等职业教育学生学习质量评估的实现　　161

图 5—2　教育目标与学习成果的关系

（金字塔图：左侧标注"教育目标的分解"↓，右侧标注"学习成果的递进"↑；塔顶为"学校目标 ↔ 学校学习成果"，中层为"专业目标 ↔ 专业学习成果"，底层为"课程目标 ↔ 课程学习成果"）

基础。在制订学习目标过程中，应该选择通俗易懂的方式使每个主体都能明白，尤其是学生作为学习的主要责任人，明确的目标有助于学生主体性的发挥。

（三）如何编写学习目标和学习成果

评估是依据预设教育目标，系统性地收集信息和解释信息，并做出改进措施的持续过程。学校教育目标、专业教育目标和课程目标实质上一致的，而前两者都过于概括和抽象，不可测量，因此将其转化为课程目标。其实在大多数情况下，课程目标也过于宽泛或过于抽象难以直接测量，也需要将抽象的课程目标转换成一组具体的、可衡量的学生学习目标。学习目标实质上是对预期学习成果的描述，通常一个目标可能会包含一个或多个预期的学习成果。

1. 清晰可测量的学习成果是评估的基础

相对于课程目标的达成，将课程目标转化为可测量的学习成果会使得学生学习的达成度更具有可操作性。可见，如何界定和编写课程明确的学习成果是评估的重要步骤，如果具有了清晰明确可测量的学习成果，那么它们之间的比较将成为可能。学习成果描述了学习者在完成课程后应该知道什么、应该能做什么等，是社会和学生所需要的知识、技能和价值观的表现。有效的学习成果通常表现为学生在完成课程时所拥有的知识、技能和能力，这是教师选择教学内容、教学方法和评价的指南，是课程有效性的基础，也是学生指导自己学习的框架。因为要根据行为对学生学习进行测量，所以最有效的学习成果应该是可测量和可观察的。

2. 编写学习成果

在编写学习成果的过程中，应该选择通俗易懂的方式使每个主体都能明白，尤其是学生作为学习的主要责任人，明确的学习成果有助于主体性的发挥。可描述的学习成果通常包括三个部分：学习行为、学习陈述和标准，其中省略了默认的主语——学生。

学习行为是指学生完成学习后的行为，通常用动词表示；学习陈述代表学习后行为的结果；标准代表学习成果可接受的水平。一般是先确定学习成果，再选择动词，最后确定标准。学习成果的编写一般是多名教师合作进行的，需要编写出学生在课程中将获得的一系列学习成果如核心知识、专业技能和态度。在起草学习成果时，教师需要考虑：修完课程所需的核心知识是什么？学生是否需要特殊的技能或能力？特殊的技能是什么？该课程计划准备如何塑造学生的专业态度等一系列问题，对这些核心问题的考虑有助于生成核心能力列表。学习成果通常采用这样的句式进行陈述：当学生成功完成该课程时，学生将能做什么。

确定了学习成果可观察和可测量的学习行为，为一个学习成果选择一个正确的动词是关键。动词需要精确反映知识、技能和能力的程度。常见的描述学习成果的动词有重述、描述、解释、分析和解决等。但有些动词是不明确的，在不同情境下有不同意思，像知道、意识到、欣赏、学习、理解和熟悉等词语应该避免使用，它们表达的这些行为是不容易观察或测量的。

对标准的陈述——行为准则需要用具体和可测量的术语进行描述，与具体课程或大纲相关，可接受的准则是学习成果在此维度上的最低标准。学习成果编写完成后需要根据"该行为是学生完成的吗？""这个具体行为可观察吗？""这个具体行为可测量吗？"这三个问题进行反复修订。起草的学习成果往往需要几次修订才能反映出学校或教师的期望。修订环节可以为测量、收集数据、分析结果和制定改进的策略奠定基础，从而节约时间成本。

二 高职学生学习质量证据的测量与收集

教学目标明确后，下一步就需要对实际形成的学习成果进行测量，运用测量工具获得学生学习成果的数据和信息。无论是定量评估还是定性评估，无论是内部评估还是外部评估，选择测量工具或策略的首要依据是预期的学习成果，而不是以节约成本和简单易操作为依据，其次，测量工具要能提供充分可信的数据和信息，最后是所采用的工具应该是教师熟悉的，不会加重教师或院系收集信息的负担。没有一种测量方法或工具是万能的，因此学习成果的测量应该采用多种方法和工具。学习成果测量通常包括两种方式：直接测量和间接测量。直接测量是对学生的实际工作或作品进行测量，以判断学生达到学习标准的程度。间接测量是关于学生学习的二次信息的评估，间接测量通过提供支持性证据、信息和学生观点对直接测量进行补充。两者各有优缺，两相结合为了解学习成就提供了更丰富的信息。无论使用直接测量还是间接测量都必须围绕着评估目的和问题进行信息收集。

（一）直接测量方式

直接测量是学习成果测量的主要方式，是指对学生的认知与情感发展的直接测量，包括通识教育以及学科所要求的知识与技能。

直接测量的方法有很多，比如学校通常会选择全国性标准化测试、档案袋法、基于任务的学生行为测量、基于项目的绩效测量、课堂嵌入式评估以及学校自主开发的专业成就测试等。下文介绍几种最常见的测量方法。

第一，书面考试是最为常见的直接测量方式。书面考试通常是标准化形式，其结果可以进行比较。许多课程学习成果就是采用书面考试，如教师自编试卷、国家标准化测试（如 CAAP/CLA 等）、专业/职业资格考试等。专业/职业资格考试通常跨越特定课程的内容，反映了有价值的知识、技能和能力。这在职业教育中比较常见，学校会将学校取得的职业资格比率作为质量评价指标之一。书面考试常见的类型有选择性题目、开放性题目和建构性题目。选择性题目是让学生从所提供的答案中选择一个或多个正确答案，比如选择、正误判断和匹配等类型。选择性题目效率高，学生在有限时间内能回答很多问题，可以用来测试职业技能和知识、考察高阶思维和问题解决的能力。开放性题目是让学生提供或组织自己的答案，比如简答、填空和问答等类型，其中简答和填空通常要求简单回答，如一个单词或短语、一个设备的名称、一两个句子，如对某个程序的描述等，简答题对于认知考查非常有限，主要询问学生事实性知识。建构性题目与开放性题目类似，只是加深了问题的难度，可以考查更复杂的原因、情境和更深的理解，比如逻辑思维和解释或分析问题的能力。建构性题目包括论文、基于问题的测试和情景测试等。论文通常能够代表学生最好的作业，最好由同专业的其他教师进行评估，因此评估时需要一个内容量规或评估准则，以便进行相对一致的评估。基于问题的测试中的问题多来源于现实生活，这就要求学生将知识和技能应用到新情境中，比如学习小组对某社团的资金进行分析和报告，并对社团后续发展给出建议。情景测试类似于基于问题的测试，只是情境更具体，问题更难，需要创造性，比如写一篇树木为什么生病的论文并提出对应解决方案。

第二，基于任务的学生行为测量。高职教育重视实践能力，这需要通过测量行为证明学生习得的能力。行为测量涉及的范围很广，如设计产品和实验、收集信息、制表和分析数据、解释结果和准备汇报等。对学生行为的测量一般是基于某种任务的，近乎是真实职业情境的模拟，比如为运动员计划或准备一顿营养平衡的晚餐；应急小组如何营救受害者等。有些任务要求用直接的方式证明能力，比如让学生调节火花塞的距离；护理专业学生如何为卧床病人更换医院的床单等。有的让学生在陌生情境应用所学的，比如发现电动机的故障。评估变得越开放，学生的回答则越复杂，教师越难给出准确的分数，因此需要量规协助行为评估。评估需要关注行为的过程和结果，如学生的直接表现、最后的产品或口头报告等。比如，在厨房竞赛中，学生利用给定的原料和设备准备冷饮和熟食，那么评估就要根据过程如组织技能、卫生和安全等，还要根据最后产品的展示和味道而给出等级。

这种行为任务的评估方式深受高职教师的关注，因为在模拟或真实职业情境中，学生行为表现是其知识、技能、态度和能力等的综合表现。但是职业情境的模拟需要大量的时间和人力。不过，计算机仿真技术的应用将会有利于这种评估方式的实施，比如计算机仿真可以提供有效测量工作场所的人际谈判技巧，专家系统可以对建构性测验审查和打分，专家系统对错误和正确的判断能和人做到几乎一样。

第三，基于项目的绩效测量。项目与顶点课程或整合式课程类似，是学生通过长期时间努力学习完成的，在完成项目的过程中获得知识和技能。学生完成作品或项目需要集中多维度的知识、技能和能力，集中展示学生对该专业的理解和能力。项目绩效测量和书面考试和基于任务的行为测量不同，因为项目绩效评估是累积性的，反映的是某段长时间学习的效果，而不是对一个特定的刺激的回应。比如制作家具的传统方法，创建一个吸引人的橱窗或者一场时装秀。这些项目是为了刺激和鼓励学生参与商业或社区活动，整合通用知识和职业知识。项目绩效评估对象通常包括研究报告、产品或活动、口头汇报，为了完成研究报告，学生必须进行主题研究，学生需要利用图书馆和其他资源写出正式论文；学生运用知识或技能创作一个产品或做社区志愿者等活动；最后，学生在会议或论坛上报告自己的研究内容。项目的长度和复杂性增加了评估的难度，学校需要花费大量时间来判断不同元素的质量，因此，实施项目通常需要不同学科的教师合作完成，需要有量规或评价指南作为引导，其内容一般涉及项目内容、技术知识、组织、校园外知识的范围、沟通技巧甚至外表仪态。

第四，学生档案袋法。学生学习档案是一种累积性评估，包括纸质版和电子版的，它既适用于通识教育也适用于专业领域，其评估对象主要是学生学习作品和成就及其练习时的学习表现和教师评估，代表了学生的学习综合表现，其可以测定学生掌握的知识，又提供了改进的反馈信息。档案袋法是以一个全面和丰富的视角考察学习成果。评估方案会详细说明收集作品的规定。档案内容可以是教师选择入档，也可以是学生自己选择作品放入档案袋。学习档案可以有多个主题，可以包括很多评估形式比如成绩单、各种资格证书、计算机等级证书、教师的建议、学生简历、课程结业的小论文、工作样本、职业发展规划、雇主或导师的信件、工作申请、官方记录和书面评估信息等，还可以包括对为什么收集这些记录的解释。学习档案是作品汇合集，因此能反映多种学习成果，反映了学业完成、工作完成和个人技能的情况。档案袋法提供内容的丰富性为全面理解学生学习提供依据，但使用学习档案评估学习质量还存在一定困难，因为有些学习档案代表了学生最好的成果，有些记录了学习成果的进步，有些只是用来存放学生全部的学习成果。因此为了更好地运用学习档案进行学习质量评估需要制订量规，为学习档案内容制订指导方针，以便于他们有相似的组成，或者将特殊的学习成果列为一个组成，可以根据这些学习成果评估学生的表现，以便于提取评估数据。

此外，学校也可以自主开发专业成就测试，但是这种开发成本高，而且需要学科教师开展大量的工作。课堂也是收集学生学习成果的主要场所，通常是嵌入式评估，它是测量中最受欢迎的方法之一，能实时对学生在教学环境里的变化进行测量，它可以充分利用学生的动机进行课程学习，直接评估课堂所授的内容，使教学活动和评估活动合二为一，从而不会加重教师的工作负担。

（二）间接测量方式

目前，高职学校的学生学习质量评估基本上忽视了平时的学习状况，而多数情况是以毕业论文、考试成绩等信息作为评估学生学习质量的依据，这些静态的结果性质的信息并不能完整反映学生真实的学习过程。因此，需要重视关于学习过程的信息。关于学习与发展状况的信息是学习评估的重要信息，通常采用间接测量方法，一般会涉及对利益相关者进行访谈或调查，内容是他们关于学生学习情况的看法。间接测量通常包括：在校学生、应届毕业生和毕业生的调查、雇主和实习主管调查、小组讨论、课程和教学大纲审核等方法。这些方法可以同时使用，也可以有选择地使用。这些调查不仅适合学校层面的评估，也可以加入专业层面学生学习评估中。

目前，间接测量最有影响的方法是利用学生参与理论开发的在校学生学习情况调查，比如 NSSE 和 CCSSE。阿斯汀认为学生参与或者学生努力的质量是决定他们成功的关键因素，NSSE 和 CCSSE 旨在确定与学生学习成长及发展的相关性活动，如与教师和同伴同学的互动、合作课程的经验、个人的经验、课外项目的参与和设备的运用等。这些调查虽然未直接测量学生的学习与发展，但测量了影响学习成果生成的学生参与和学习经验，这些数据与直接测量的结果联系起来，可以形成强有力的证据群，可以对学生学习成果有更清晰的认识，改进和提高学生的学习成就也会更有针对性。正如阿斯汀所说"只有在评估中把评估结果和与学生投入和经验的数据结合使用，评估才最有效"[①]。随着信息技术的发展，间接测量还可以利用网络技术建立学生学习情况数据库。学习情况数据库可以记录每个学生的学习历程，通过对数据分析，可以得出学生背景特征和大学经历是如何影响学生的学习，其中学生的背景特征是进行教育的基础，是既定的事实，而大学的经历如课程、教学方法、员工、服务设施等则是学校所能控制的因素，学校该如何利用这些可控因素影响学生学习则是教学改进的重点。

如果学校或课程是以学生就业为目标的，那么雇主对学生在岗位上的表现的反馈则是很有效的信息，尤其是那些占有关于学生表现的直接资料的人，比如实习主管，他们会将学生群体在实习期间的情况反馈给学校，可以反映学校的课程设置及教学是否得当。小组讨论是指几个学生经常是被召集起来共同讨论学习成果情况，这种方式能够提供深度的质性访谈资料。离校访谈是指应届毕业生单独接受访谈，并将在校学习期间的学习经验反馈给学校，从而教师和管理者可以发现学校人才培养方案的不足和长处，以便有针对性地改进。对校友的调查可以收集到学校为他们的就业和发展所做的准备是否充分等相关信息，这有助于专业学习目标的调整。课程和教学大纲是学习成果生成的主要媒介，大纲中应该确保课程的每一部分都有相应的学习成果，收集和分析每门课程及教学大纲是为了检验课程的知识、技能和能力是否教给了学生，核实课程内容是否

---

① ［美］威廉姆·耐特：《院校研究与质量保证》，《高等教育研究》2008 年第 8 期。

覆盖了每个学习成果。

直接测量与间接测量相比较，直接测量的信息收集成本较高，但是信息更真实可信，经常用来收集更重要和必要的学习成果，以用来应对认证机构和社会问责。与直接测量相比，间接测量可能主观性更强，需要考虑很多影响因素，也需要有创造性。间接测量有定性的，也有定量的，虽然能反映学生的学习经验，但有时针对性不强，其作为学习成果证据的客观性和可信性程度较低。在教学、管理和学习评估中，多种测量方法的混合使用可以获取更全面的信息。值得一提的是，学习成果往往有很多种类，一次评估不能关注所有成果，因此应该选择最重要的成果进行测量，或者制定一轮评估计划，以使得在周期内每个成果都能得到测量和评估。

（三）学习成果证据的收集

收集前需要考虑的问题：对于直接测量而言，需要关注：学生作品从哪里来？学生作品如何组织和储存以便于评价？什么时候评价？谁负责评价？行为数据如何储存？怎么样才安全？学生作品怎么储存？纸质的还是电子的？对于间接测量而言，需要拟定好谁来做这项研究？什么时间做？在课堂上做吗？结论怎么分类？需要一般数据还是特殊数据吗？这些问题是需要在评估开始之前都拟定好的，以便评估活动顺利进行。

收集数据的过程与测量方法有关，如果是嵌入式评估或顶点课程体验，收集数据与教学过程同时进行，如果是学生档案法，那么需要确定是谁负责收集作品并放入档案袋。在测量学生作品过程中，量规起到指南作用。为了节约时间和保持评定的一致性，一般需要多个评分者利用量规对学习成果进行评分。有效量规可以是定量或定性的描述，经常用来评估作业、项目、档案、学期论文、实习、论文和绩效。量规需要对每个绩效水平进行描述；指定最好作品的水平。很重要的是需要保证评分者对量规理解的一致性，因此，向评分者解释量规的使用；提供代表每个绩效水平的学生作品的样本；讨论每一个样本并决定评分者是如何评分的；在各级绩效水平上达成一致。

三 高职学生学习质量证据的分析

（一）学习标准的制定

学习成果数据或证据收集完成后，需要依据学生学习标准对数据进行解释。清晰的学习标准是有效评估的前提，如果没有学习标准，即使收集的数据很丰富，也将是没有意义的。学习标准是用来具体说明学生学习或行为可接受的水平，是衡量实际学习成果达到学习目标的标尺，是用来判断教学有效性的依据。学习成果评估的目的是依据学习标准判定学生学习情况的等级而不是具体的学习成绩。利益相关者都应该参与学习标准的制定，表达自己的诉求，必要时还要参考外部标准如国家职业能力标准。在数据收集开始前，可以预先设置达到或超过学习标准的学生比例，学校可以预测其在帮助学生学习的有效性程度，如75%的学生达到了学习成果，那么如果下次比例预计达到85%，那么这就是需要提升的空间。如果学生100%的达到了学习标准，则需要对学习标准进行调整和修改。学习标准会随着社会对人才的需要发生改变，可见，学习标准是动态的。

（二）讨论与分析评估数据

制定了恰当的学习标准后，学校和全体教师就可以开始分析和讨论评估数据了。其实，在评估的计划阶段，教师之间在成果编制和评估方法选择等方面就已经开始合作，全体教师通过多种形式进行沟通交流，依据学习标准对学生实际取得的学习成果进行判断。全体教师通过交流共享评估信息，特别是同一门课程或同一专业以及类似专业之间的教师更应该共享评估结论和讨论学生学习情况，可以采用正式或非正式的方法，常用的方式比如头脑风暴、小组访谈及工作坊等。教师必须具有评估的基本技能，其中在评估结论共享活动中最重要的是要创设教师积极参与学习评估的氛围，乐于与其他教师共享评估信息。在讨论过程中，教师之间的对话是非常重要的，对话是思想的交流和碰撞，可以发现审视问题的新视角、新思想，从而实现评估创新。对话交流阶段非常重要，如果教师从头至尾参与了学习成果评估，那么他会认为这个阶段是有意义的和有收获的，将评估看作是课程、教学和学校工作的一部分；如果教师没有全程参与评估，那么他将会认为评估依然是为了应付外部评估和认证而实施的，将评估视为额外的工作。

教师通过不同形式对评估数据进行讨论和分析，讨论的内容主要围绕以下几个方面：（1）简述学习成果评估及其方法。（2）描述收集的学习成果的证据类型，反思这些数据能否作为评估结论的依据。（3）所有的证据都收集和记录了吗？是否还有数据遗失等问题。（4）在现有证据的基础上，有多少学生达到或超过了预期学习成果，这些结论能解释什么。（5）有多少学生没有达到预期学习成果，这些结论怎么解释。（6）是否有学生没有被评估，原因是什么，没被评估的学生数量是否会影响对课程或专业的评估。（7）怎么从整体上看待评估结论，比如达到或超过学习期望的学生，是哪些因素造成其成功的？没有达到学习期望的学生，学校环境又是如何影响他们学习的？学生在哪些方面做得好，在哪些方面做得不足？（8）基于评估结论，反思自己在教学中哪些做得好，哪些做得不足，需要采取什么措施改进学生的学习，其主要集中在教学方法、课程内容及其他学习资源、课程结构、专业结构及其共同的课程元素。（9）学习成果需要修改还是需要添加新的学习成果，哪种类型的学习证据更有助于做出更合理的评估，需要改进评估方法，比如量规的开发、使用和改进。最后，作为教师而不是专业评估人员，通过评估你学到了什么。

四 高职学生学习质量评估结论的解释和运用

学生学习质量是学校教育有效性的重要体现，如何利用学生学习质量评估的结论解释教育质量和应对外部问责以及如何实现改进教育质量的目的等成为众人瞩目的焦点。因为学生学习质量评估主要是为了改进学生学习，如果偏离了这个目的，那么评估很可能将沦为无意义的应对上级检查的行为。学生学习质量评估的结论也可用于认证、教学改进和课程改革，以及用作招生和毕业宣传等。

评估结论只有用于改进教学和提高学生学习，学生学习质量评估活动才是有意义的，才能为学校教学改革决策的制定提供依据。与预设的学习标准比较，有多少学生达到了标准，根据评估数据能得出什么规律，比如学生没有掌握某一技能或知识，需要改进的地方是什么，应该采取什么措施等。评估结论的运用主要表现在：（1）修改或增加新的学习成果。这通常是分析评估结论后最先要做的，反思预期的学习成果能否真实反映学生所需的核心能力，进而可以修正学习目标，因为不管在将来还是现在，都不存在一套最终的目标。日常教学应该使教师能够在某些方面修订并改善先前的工作已达到的目标。（2）改进或更换评估方法。教师需要根据评估结论，反思目前所采用的评估方法是否适合当下的环境，使用这些评估方法是否收集到了所需要的评估信息。（3）用来改进教学内容和教学过程。评估能够保证学生所学的正是学校所期望的，为周期性的改进教与学提供依据。（4）使用有效可靠的学习成果证据向利益相关者，如政府、社会公众和家长等证明学生在学校的影响下所发生的变化。随着学习成果评估文化的建立，应该会有越来越多的教师自愿加入学习评估活动中，评估结论将有助于教师设计评估方案和研究。（5）也可以用来改进评估活动本身。实践证明，学生学习质量评估的结论对课程层面的影响要大于学校层面。

五 高职学生学习质量评估实现设想

（一）设立专门的学生学习质量评估机构

学生学习是学校的中心工作，为了提高学生学习的质量，建立专门的学生学习管理与服务部门是非常必要的，该部门的建立是学校内部治理水平的重要标志，可以为教师提供一个交流评估结论的平台，从而制订更合理的评估方案。目前，我国高职院校并没有专门的学习质量评估机构，而学生学习评估的任务大部分是由学校教务处或院系教学部门兼职承担。教务处负责教师教学和评估工作，教师被视为主要的管理对象，学生处负责学生的思想和生活管理工作等，学生被视为主要的管理对象，但是两者却未将学生学习纳入其主要职责范围内，而是将其置于边缘地位。

学习质量评估机构的主要职责是帮助学校确定评估的流程，协调各部门开展学生学习质量评估，为改进学生学习做出基于证据的决策，具体职责是确定学习成果形式，并进行测量和监控；为师生了解和进行评估提供咨询；从评估结论中收集数据以应对校内和校外的问责；负责领导和监督学习成果评估；拓展教师参与评估的机会和深度，鼓励和支持教师在评估中进行创新；调整现存课程的目标，为外部评估提供评估资料，为改进措施提供依据。

（二）高职学生学习质量评估过程的实现构想

基于管理机构的简化思想，可以在学校教务处下设立学生学习调查科和学校课程管理科，分别管理学生学习调查和课程管理与评估。学校课程管理科下设院系课程委员会和专业课程委员会，其结构如图5—3所示。

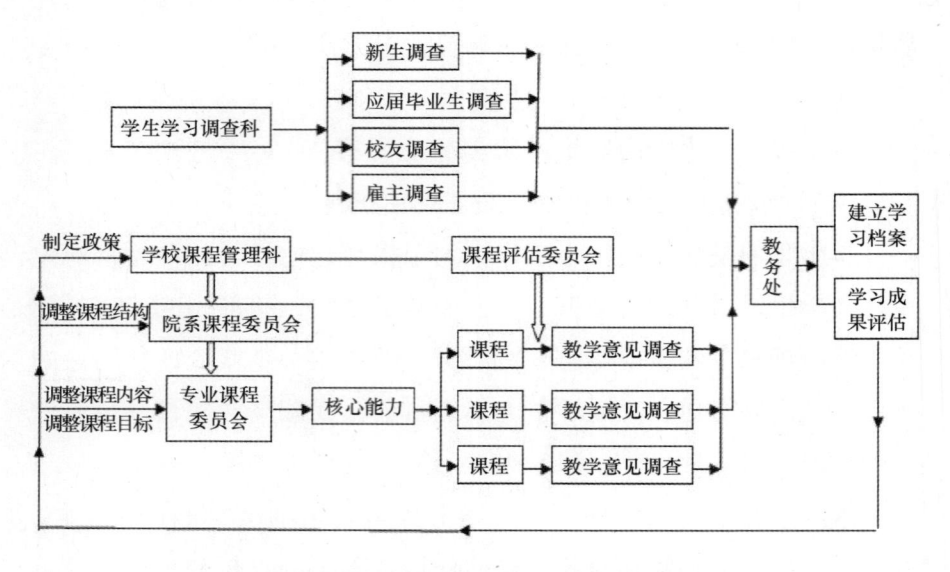

图 5—3　高职学生学习质量评估具体实施的构建过程

　　教育目标的确定与评估指标体系的制定主要是由专业课程委员会、院系课程委员会和学校课程委员会共同参与制订。院系课程委员会和专业课程委员会根据学校确定的核心能力来确定专业核心能力，然后围绕专业核心能力设置相应课程。证据的采集范围包括具体课程和整个学习经历，由课程评估委员会和学生学习调查科两个机构负责，将调查的结果汇集到教务处，然后教务处可以为学生建立学习档案以及进行学习成果评估，并将评估结论反馈给各级课程委员会，以供反思和修订教育目标和课程内容等。

第五节　高职学生学习质量评估的运行机制

　　随着对教育质量关注的加深，教育评估的重点逐渐从"资源与声誉"转向了"学生学习成果"。因此学生学习质量成了质量保障中的研究热点，目前我国的相关研究主要集中在对美国学生学习成果评估的介绍，以团队形式开展的引进并本土化的研究，其角度多是宏观或研究者居于学校"局外人"的角色。最初学习成果评估的兴起是为了应对外部问责和证明学校的教育质量,但现在已经更多的是在学校内部汇报和用来改进内部质量。[①] 学生学习质量除了依据学习成果反映外,还蕴含于学习过程中,因此需要将两者同时纳入学生学习质量的范畴,但是目前在大多数的研究中两者还处于分别进行的状态。学生学习质量评估作为内部质量保障的重要手段,是长期持续性的活动,其主体应该是学校,因此,从学校管理的角度出发探讨学生学习质量评估运行机制是内部质量保障的关键环节。

一 高职学生学习质量评估运行机制的基本构成

运行机制是指影响人们有规律活动的各因素的结构与功能及其相互作用的方式,明确其构成是理解其运行机制的前提。学生学习质量评估是收集和分析教学与学习成果方面证据的活动,对教师教学和学生学习的实际情况达到预设教育目标的程度进行检验。其中预设教育目标是开展学生学习质量评估的逻辑起点;学生学习质量的证据不仅表现为知识与技能的变化,而且还表现在学习过程中,因此学习经历也成为获取学习质量证据的重要范畴;学习质量评估旨在促进学生的发展,因此评估的结论必须反馈给师生才能达到改进的目的;学生学习质量评估是需要师生共同参与的活动,并且会占据教师很多精力和时间,因此评估的顺利实施还需要制订相应的激励制度。由此可见,学生学习质量评估应该包括教育目标的预设、证据的收集与分析、评估结论的反馈以及对师生的激励四部分,因此学生学习质量评估运行机制由准备机制、课程评估机制、

[①] 赵琳、史静寰、王鹏等:《高等教育质量的院校类型及区域差异分析——兼论我国高等教育资源配置格局与质量格局》,《清华大学教育研究》2012年第5期。

学习经历评估机制、反馈机制以及动力机制组成。如图5—4所示。

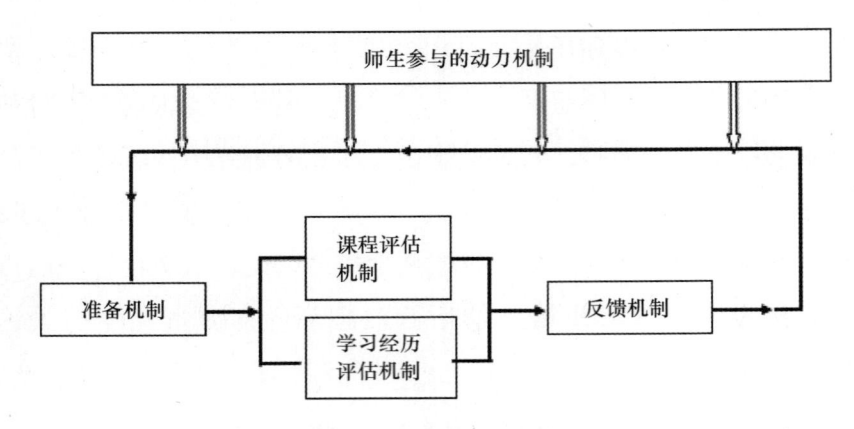

图5—4 高职学生学习质量评估机制的基本构成

二 高职学生学习质量评估运行机制及其内容

(一) 准备机制

准备机制包括确定预期的教育目标、编写学生应具备的核心能力及课程设置。教育目标是评估的起点与终点，评估标准及其指标体系都是以教育目标为中心衍变而来的。可见，对教育目标的理解和教育目标的制定事关评估的效度。教育目标的制订是个多主体的活动，会涉及教师、教育管理者、校友、雇主以及学生等。教育目标具有层级性，学校负责总目标的制定，确定基本核心能力，院系及其专业将依据总目标制定各自的院系教育目标和专业人才培养目标；将目标进行分解与归类，归纳出核心能力；课程是培养核心能力的中介，因此专业课程委员会和院系课程委员会（如图5—3所示）将围绕核心能力设置相应课程，增设新课程时，任课教师必须向专业委员会说明课程与核心能力的关系，根据其与核心能力的关联程度准许开设与否。总之，课程开设的依据是人才培养的核心能力而不是教师的授课能力。院系课程委员会负责课程的总体规划，协调院系内各专业之间的课程结构，合并相近课程，以节约人力、物力与时间的投入，提高教学效率。

（二）课程评估机制

由于以往忽视了学生学习过程的体验，所以有人将课程评估等同于学习评估，甚至将课程成绩等同于学习评估，这实质上是传统考试的普遍性造成的错觉。在教学中，课程评估的依据是教育目标。布卢姆将教育目标分为认知领域、情感领域和动作技能领域三类，认知领域涉及知识的记忆、再认以及智慧技能的形成；情感领域则着重描述兴趣、态度与价值观等；动作技能涉及运动技能对客体的某种操作，常见于书法、体育和技术学科中。① 可见，不同领域的内容具有不同的学习成果形式，这些学习成果就是学习发生变化的证据，也正是评估所需要的信息。根据课程目标确定学习成果形式，并做简明陈述，以利于教师和学生朝着学习成果的方向努力。传统课程评估倾向于总结性评估，通常采用直接、定量的形式，如标准化测试，虽然它能够有效测量学生认知掌握的情况，但它也具有很大的局限性，比如，对于情感领域和动作技能领域往往无能为力，因此，课程评估还需要更多的评估方法，比如间接评估、非正式评估和定性评估等作为补充。此外，需要说明的是，人所具有的能力是完整的，但是为了培养的方便和提高教育效益，将能力分成若干能力与课程对其进行分别培养，最终学生还是要对每门课程习得的能力进行整合内化为综合能力。各种能力整合的过程将具有质的改变。在美国，大学学习评估 CLA（The Collegiate Learning Assessment）是一种标准化的测试工具，能直接测量学生的批判性思维、问题分析与解决以及写作沟通等综合能力。而在我

---

① ［美］安德森、L. W. 索斯尼克、L. A.：《布卢姆教育目标分类学——40 年的回顾》，谭晓玉、袁文辉译，华东师范大学出版社 1998 年版，第 12 页。

国，目前高校对于综合能力的考核通常采用专题论文、毕业设计和实习等形式进行，主观性强，评估标准不易把握，因此，专业课程委员会和院系课程委员会需要合作开发出测量学生综合能力的工具，以测量教学的总体效果。课程评估的执行主体多数情况是教师，因此教师的评估能力也会影响到评估的效度。

（三）学生学习经历评估机制

学生投入时间和精力，通过与学习资源的互动形成学习成果，可见，学习成果与学习过程休戚相关，评估学习成果需要了解学习成果形成的过程，即学习经历。其间，学习过程不仅限于课堂，而是指学生在学校的整个学习经历，主要是指学生与大学环境中各种因素相互作用的认识和体验，也被称作就读经验。评估学习经历是为了进一步了解学生在大学期间做了什么和收获了什么，这将有助于教师与管理者理解学生的学习，同时也有助于学生的自我反思。美国开发的 CIRP 新生调查（CIRP Freshman Survey）、CIRP 大四学生调查（CIRP College Senior Survey）、大学生就读经验调查（The College Student Experiences Questionnaire）以及全美大学生参与度调查（National Survey of Student Engagement）等工具，就是主要用来收集学习过程中认识和体验的证据。这些工具着眼于整个学习经历，比如 CIRP 大四学生调查收集的是大学四年学生的感受，这些信息有助于了解课程与教学的总体情况，但对于微观的改进——如某门课程的改进，这些证据则显得有些不够确凿。

整个学习经历包括课内经历和课外经历，课内经历主要由多个课程学习经历组成。总体学习情况调查由学生学习调查科（如图5—3 所示）组织完成，主要有四部分调查：新生调查、应届毕业生调查、校友调查和雇主调查。学生学习调查科负责编制问卷、进行调查并分析结果。新生问卷和应届毕业生问卷编制原则是以基本核心能力和专业核心能力为中心，问卷结果要能反映学习成果。新生和应届毕业生问卷调查每年一次，每个学生入学和毕业的调查结果将被记入档案，两次结果的对比将作为学生学习成果的证据，用来解释学校的培养成效。校友调查与雇主调查是三年或五年实施一次较为适宜。校友调查主要是了解学生在校的收获满足当下岗位需求的程度，并请校友评估学校制定的基本核心能力和院系制定的专业核心能力是否符合当下的社会需求。雇主调查主要是了解毕业生在岗位上的能力表现，并请雇主们评估毕业生的能力与岗位实际需求能力的差距。通过校友对学校教学的评估与雇主对学校产品（学生）的评估，可以确定学校所提供的教学服务与社会需求的差距，这是对学生学习成效的深度了解。课内学习经历主要是指在学期中或学期末针对每门课程的教学意见调查，这主要是由课程评估委员会（属于学校课程管理科）（如图5—3所示）负责问卷编制、进行调查与分析结论。教学意见调查的主要内容包括"教与学"：比如教师的教学态度、教学能力和专业知识的储备情况等，学生分析与解决问题的能力如何等，问卷内容需要与课程要求的核心能力相关才能测量出学习效果。教学意见调查主要目的是了解学生在课程学习过程中的收获与期望，给老师提供改革教学的依据。这些问卷的内容是动态变化，课程评估委员会和学生学习调查科都会根据学校和社会的实际情况对内容的增删进行研究并做出决定。

（四）反馈机制

斯塔弗尔比姆认为评估最重要的意图是改进而不是证明。因此，评估的结论都需要反馈给被评估者及其相关人员才能达到改进的目的，这是评估的反馈功能。课程评估和学习经历评估由课程评估委员会和学生学习情况调查科将评估相关信息与资料汇报到教务处。教务处将对学生学习做出综合评定，将结果记录在学生学习档案，将学生学习评估的结论和信息反馈给各个相关部门以作为后续质量改进的依据。学校课程管理科可以根据反馈结果做出课程规划以及制定课程政策。院系课程委员会将根据反馈信息对院系内课程结构做出调整。专业课程委员会则根据反馈信息，修正教育目标、核心能力和课程内容，保证所有课程能更好地达到培养核心能力的目标，以提高与社会所需的吻合程度。评估信息反馈给学生，也能促进学生自我反思，调整学习策略从而提高学习质量。

（五）动力机制

学生学习质量是教育质量的重要证据，关注学生学习质量预示着高职院校育人使命的回归，这也意味着教师最重要的任务是教书育人，其主要精力都应该放在教学上，深入研究课程与核心能力之间的关系，通过课程学习帮助学生形成核心能力。学生学习成果评估的优劣如果会直接影响教师的绩效水平，那么很多教师将会对之报以抵触和应付的情绪。教师将不能按照传统的评估方式简单做出结论，因此学习成果评估会增加教师的教学准备时间、教学投入及整体教学负担，最主要的是需要改变教学观念和评估观念，这些都需要教师做出努力适应改变。学生作为学习的主体，其投入程度是影响学习成果形成的重要因素，学生学习经历调查是院校自我评估的一种有效手段，其中蕴藏着教育过程的重要信息，能够为学校制定教育政策和配给资源提供依据。学生参与的态度直接关系到评估信息的有效程度。因此，师生都需要正确认识评估，否则，"师生如果将评估作为一种与学习脱离并且是学生难以跨越的官僚障碍的方法的话，那么评估将失去它的可信性而成为师生的负担"①。可见，全体师生正确认识评估和积极参与的态度是学习质量评估开展的关键。学校应该建立激励师生参与评估的机制，如学生学习质量评估的结论不与教师的奖罚直接挂钩，只是为了改进教学，以消除

---

① ［美］博格：《高等教育中的质量与问责》，毛亚庆译，北京师范大学出版社2008年版，第1页。

教师的后顾之忧。除此之外，对于教书育人而言，具有责任心的教师才会从培育人才的角度去考虑问题，因此教师的责任心比能力更重要。责任心是教师全身心投入教学的内在动机的表现。因此，要重视培养教师的责任心，制定一些鼓励教师投入到学习质量评估中的措施。此外，对于学生学习调查，很多学校只是进行调查而未对调查的结果予以公布，或者即使公布也并未对教育教学中的问题进行改进，这严重挫伤了学生参与调查的积极性。因此，学校要认真对待学生提出的意见和建议，并进行具有实质意义的改进，这样才能激发学生参与调查的积极性。

重视学习经历调查会使人们对学生学习质量理解得更全面和更深刻，但这并不能动摇学习成果是教育质量的核心，客观地评估学习成果仍然是判断教育质量的关键。学生学习成果评估仍然以各门课程以及学生综合能力为主，其形式比如日常表现记录、作业资料、考试成绩、专题论文及实习实训等，新生、毕业生、校友及雇主的问卷结果只是学习成果评估的辅助资料。评估是一种不断改进的活动，包括总结性评估和形成性评估，学习成果评估注重形成性评估，及时将评估信息反馈给师生以改进教与学，根据学习内容对两者分配合理的权重，以对学习成果做出综合判断。

本章主要论述高职学生学习质量评估实现的相关内容，包括高职学生学习质量评估需要遵循的基本原则、评估的基本方法、评估的层面、评估实现的程序和评估运行机制，是对上章中各种评估元素相互作用过程的解读。本章提出学生学习质量评估需要遵循的九项基本原则有助于每个学校研究当前的评估活动和制定符合本校的评估原则，确定和阐述了学生学习质量评估在高职院校教育评估中的地位和作用。高职学生学习质量评估的基本方法包括定量评估方法、定性评估方法和定量定性评估方法，其中定量定性评估方法是定量评估方法和定性评估方法根据评估目的而进行的有机组合，这可以使评估结论更全面、真实。本章根据全面质量管理的思想，将高职学生学习质量评估分为学校层面的、专业层面的和课程层面的三类评估并对各自的评估内容进行探讨，为评估实践制订指标体系和评估标准的内容提供了参考范围，其中课程层面的学习质量评估是最基础的，为专业层面和学校层面提供数据和资料；专业层面的学习质量评估是最中坚的，是联系学校层面和课程层面的纽带，它对于学生学习质量评估具有决定性作用；学校层面的学习质量评估是评估的风向标，起到引领作用。高职学生学习质量评估的程序和运行机制实现了学习成果和学习经历的融合，其中高职学生学习质量评估的程序为评估活动的开展提供了基本思路，评估运行机制为学校开展学生学习质量评估提供了参考。

第六章

研究总结与展望

第一节 研究总结

　　选择高职学生学习质量评估研究是笔者兴趣所在,但因为相关资料不多和个人高职教学经历有限,该研究也是极具挑战性的。自从接触职业技术教育以来,发现很多著作和文献中只是提到职业教育和普通教育相比会更加注重培养学生的技能或职业能力等,但并未对学生如何学习这些技能、如何形成职业能力及习得的质量如何做出阐释。因此高职学生是如何学习的,其学习质量该达到什么标准,怎么去评估学习质量等问题成为吸引笔者进行研究的动力。本研究以内容完整作为布局的依据,因此各部分篇幅之间可能略显不平衡,遵从的行文逻辑是在对研究对象系统解析的基础上释读评估理论,从而透视研究对象与评估理论之间的联系。高职学生学习质量作为高职学生学习质量评估研究的评估对象,对其清晰深刻的理解是构建评估理论的前提,经过解析发现其内涵是高职学生学习质量理论研究的核心,对其生成过程和影响因素的揭示为质量评估内容选择和质量改进指明了方向,质量表达是评估标准和评估指标制订的依据,基于此,本研究解读了高职学生学习质量评估理论的六项基本元素,即为何评、谁来评、评什么、怎么评、何时评和在哪里评，以及由其构建的评估程序与运行机制。

一　高职学生学习质量的内涵及其特征

以管理学和心理学领域的质量概念为基础，以学习活动为切入点对高职学生学习质量概念进行界定，即高职学生学习活动特性满足高职学生潜在或明确需要的程度。高职学生学习质量是质与量的统一，学习要满足学生身心发展，这是对学习质量质的规定，学习满足学生身心发展的程度是量的表现。高职学生学习质量的内涵是学习活动的内容、方式、过程和结果满足学生需要的程度，通常表现为学生对学校教育服务的主观感受和学习成果达到预设目标的程度，前者是主观存在，表现为学生对学校课程、教师和环境等的满意程度，后者是客观存在，表现为学生学习后的状态与预期目标的比较，即目标达成度比较，或者表现为学习前后状态的比较，即增值比较，这两种比较都体现了教育服务的效度。

学生学习质量的特性包括功能性、文明性、经济性、舒适性、时间性、安全性和可信性，其中功能性和文明性是其基本特性。在高职学生学习质量研究中，功能性是指学习活动具有使高职学生在知识、技能和素质方面得到提升从而达到职业岗位所需实践能力的功能，通常表现为学习成果达到某种规定的教育标准，如课程标准、职业资格标准、专业标准和学校标准，能够进入高一层次的学习阶段，能够胜任岗位工作等，表现出职业性和实践性倾向特征。在高职学生学习质量研究中，文明性是指学生通过认识和理解外部世界获取经验和知识从而身心得到发展，这通常表现学生情感、职业态度、职业道德、职业精神和价值观等人文性改变，表现出人文性倾向特征。功能性和文明性是高职学生学习质量最基本的特性，是与学习成果相关的特性，前者属于显性的学习成果，而后者属于隐性的学习成果。离开职业性和实践性，则不能突出高职培养高技能人才的特色，离开人文性，学生将无法实现人的全面发展，高职教育将会成为培养劳动工具的活动，丧失教育的使命。经济性、舒适性、时间性、安全性和可信性是与学习过程相关的特性，它们表现为学生对教师、课程、管理和服务等的主观体验和感受，决定着学生学习效率和学习满意度的高低，在评估这些特性的问卷或调查中也蕴藏着职业性、实践性和人文性的特征。而这正是高职学生学习质量独有的特征所在。

二 高职学生学习质量生成过程分析

高职学生学习质量生成分析是对高职学生学习质量概念和内涵的进一步解读和具体化。高职学生学习是学生在教师的引导下，通过与学习内容和学校环境等要素之间相互作用，经过自身主动建构转化为个体知能结构从而实现自身发展的过程。高职学生学习质量生成过程是学习活动各相关要素之间相互作用的过程，主要包括学生、教师、学习内容和学校环境等要素，其中质量的生成主要是取决于学生（主体）与学习内容（客体）之间的相互作用，学习内容是教育者精心选择的人类技术知识和实践经验，并且以技术知识的内在逻辑和职业教育教学规律以及学生学习规律为依据进行设计和编排，通常以工作任务的形式出现。学校环境是教师教学活动和学生学习活动得以开展的条件，应该突出高职的职业性，比如校园文化应该与企业或行业文化对接，校园设施、教学设备与企业相似等。学习内容和教学环境对学生学习的影响很大程度上取决于教师，教师介入学生与学习内容相互作用的过程是为了获取更高的学习质量，因此教师是学生学习质量的决定性影响因素。

高职学生学习质量最主要还是取决于正式的学习活动，其质量生成具体表现为以学生具有的相关实践经验为起点，沿着实践—理论—再实践的路线，朝着岗位所需知能的方向逐渐生成的，包括外部学习活动、内部学习活动、内化建构过程和外化建构过程四个阶段。外部学习活动是指学生主体的感知、操作、言语等感性的实践活动，通过外部学习活动，学生能够获得可以作为学习起点的相关实践经验和技术实践知识。内部学习活动是指学生心理表象和符号操作等观念性事物的心理活动，通常是外部学习活动内化的结果。当技术实践知识和实践经验内化后，学生具有了学习技术理论知识的需要并进行学习，那么此时技术实践知识和技术理论知识在思维层次上得到融合，这是内部学习活动。高职学生注重培养学生的实践能力，因此融合后的思维层次的技术知识需要进行外化，即实现技术实践知识和技术理论知识的实践层次的融合。上述分析只是为了方便叙述和理解，将整个学习活动分为四个阶段，将技术知识学习分为技术实践知识的学习和技术理论知识的学习，其实四个阶段是交错融合的，两类知识的学习也是交融进行的，每类知识的学习都是外部学习活动和内部学习活动相互作用的过程。此外，还会伴随职业通用知识和职业技能的学习。可见，高职学生学习质量是在技术理论知识和技术实践知识在思维层次和实践层次整合的螺旋循环过程中逐步生成。

三 高职学生学习质量评估理论的释义与实现

高职学生学习质量的概念、内涵、生成分析及影响因素和质量表达等质量理论研究为高职学生学习质量评估理论构建阐明了对象。高职学生学习质量评估是根据学生学习的相关信息和数据，从中发现问题并寻求改进策略的一种持续性实践活动，同时也检验了学校提供的服务和活动是否对其学生产生了预期效果。高职学生学习质量评估理论是一般教育评估理论的具体化，是关于为何评、谁来评、评什么、怎么评、何时评和在哪里评六个评估基本元素的阐释及六个元素之间的联系和运行。通过评估，评估结论为学校部门提供决策支持，为教师和学生提供反思教学的机会，因此评估是学校、教师和学生自我学习和审查的过程，能够使学生、教师和管理者等从评估结论中得到直接或间接的益处。

高职学生学习质量评估的根本目的是改进学生学习质量，同时也为高职院校应对政府和社会的外部问责提供证据。根据全面质量管理理论，学习质量产生于学习活动的全过程，和直接和间接参与的人员有关，因此高职学生学习质量评估应该树立以"学"为中心系统化评估理念，包括学习投入、学习过程和学习产出全部环节的评估，从而弥补以学习成果评估代替学习质量评估的缺陷。由于学习质量的抽象性、迟滞性和多因素性，实践中无法对其进行直接测量。但是学习成果作为学习活动的产出，是可以反映学生学习质量的；而学习过程作为学习成果产出的过程，会影响到学习成果的质量，因此学习过程也能反映学生学习质量的状况。学习过程总是处于动态不易监控的状态，但是学生投入伴随整个学习过程且不断变化，学生对某些事情投入的时间和精力越多，那么学习过程可能就越积极，学习质量就可能会越高，可见学习过程的情况可以通过学生投入得到间接反映。可见，学生投入和学习成果融合于学习过程中，学生投入会影响学习过程和学习成果。因此，高职学生学习质量评估需要对学习成果和学习过程（包括学生投入）进行全面评估，以对复杂的学习质量有更全面的理解和认识。基于利益相关者的视角，高职学生学习质量评估的主体应该是以学校为主导，以教师为主体，学生和企业行业的共同参与的评估共同体，给予他们诉求的权利和质量责任。高职学生学习质量评估具有诊断功能、引导功能、反馈功能、激励功能和改进功能，它们是学校开展评估的内在动力并且依托评估活动共同发挥作用。高职学生学习质量评估伦理是调节和指导高职学生学习质量评估活动的规范和原则，渗透于评估理念、思维方式、评估制度、评估行为以及人际关系之中，潜移默化地影响着评估活动。这些高职学生学习质量评估理论的探讨为高职学生学习质量评估的实现奠定了基础。

高职学生学习质量评估实现是解决评估基本元素之间的联系和运行，通常以评估的一般程序和程序运行背后的机制的形成呈现。评估是一种系统化活动，高职学生学习评估的基本程序包括四个阶段：设计、实施、分析与反馈，其具体步骤是制定学生最重要的学习目标、测量与收集学生学习成果证据、分析学生学习成果证据、评估结论的解释与运用。鉴于目前高职院校的实际情况，需要由学校指派专人或成立专门的部门负责学生学习质量评估，以课程为单位，从课程、专业到学校三个层面分别实施学习过程评估和学习成果评估。为了提高评估效率，本书构建了学生学习质量评估运行机制，主要包括准备机制、课程评估机制、学习经历评估机制、反馈机制以及动力机制组成。其中，准备机制包括确定预期的教育目标、编写学生应具备的核心能力及课程设置。学生学习经历评估机制包括课内学习经历和课外活动经历，课内经历主要由多个课程学习经历组成，课外活动经历主要是学生与同伴、管理者之间的相互作用的过程。反馈机制是将学生学习质量评估的结论和信息反馈给教师、学生和管理者的过程和方式，这是学生学习质量改进的关键环节。动力机制是整个学生学习质量评估的驱动部分，它非常重要，直接事关评估的成效。高职学生学习质量评估的程序和运行机制为高职院校进行评估提供了行动的基本框架。

第二节 研究展望

一 进一步关注和挖掘高职学生学习特点及其质量特征

虽然高职学生学习质量评估研究是以探索高职学生学习评估的内在规律为目的，但是它仍然需要高职教学实践经验做支撑。虽然笔者在高职教学一线进行了听课和观摩，但始终非亲身实践，所以听课观摩所得与高职学生复杂的技术知识学习和综合职业能力培养相比就会显得简单和粗浅，这也是本研究的局限之一。因此，本研究对高职学生学习质量的内涵和特征只是处于理论层次探讨。在未来的研究中，会继续关注高职学生学习质量相关领域的理论进展；挖掘其职业性、实践性和应用性在学生学习过程中的具体体现及如何综合体现在学生能力中；将外部因素进行分类并进行专门研究以更加细致地探讨其对学生学习质量生成的影响机制，为教师改进教学提供参考。另外，高职学生学习质量的生成与高职学生学习规律息息相关，因此今后也将会继续深入探讨和分析高职学生学习规律，从心理学角度分析隐性知识在学生综合职业能力形成过程中的地位和作用，隐性知识和显性知识是如何在综合职业能力形成过程中进行转化的，以及如何使学生的知识、技能和情感齐头并进，相互融合。

二 进一步检验和修正高职学生学习质量评估的实现

高职学生学习质量评估是一种行动研究，它除了验证理论外，更是为了改进现实中存在的问题。因此，评估行动是高职学生学习质量评估研究的归宿。从整体上看，本书对高职学生学习质量评估研究主要集中在理论层面，理论的可行性和有效性还需要多次的评估实践来证明、检验和修正。而付诸实践与理论研究还有相当的距离和实际困难，如高职学生学习质量评估需要树立以"学"为中心的系统化评估理念，理论上需要得到学校、教师和学生及行业企业的认同，但实际如何得到他们的认同并非易事，而是需要学校在制度、人力和物力上提供支持和引导的。研究构建的评估程序和运行机制只是为高职院校提供了评估行动的基本框架，而具体怎么实施还要根据院校的人才培养目标、人力、物力等进行调整和制订。可见，理论付诸实践的过程需要付出更多的努力，需要更具有创造性的知识和能力。

参考文献

一 中文类

著作

[1] 王淑娟：《美国公立院校的州问责制》，知识产权出版社 2010 年版。

[2] 吕达、周满生：《当代外国教育改革著名文献》（英国卷·第二册），人民教育出版社 2004 年版。

[3] ［意］维柯：《新科学》，朱光潜译，商务印书馆 1989 年版。

[4] 赵志群：《职业教育与培训学习新概念》，科学出版社 2003 年版。

[5] 姜大源：《当代世界职业教育发展趋势研究》，电子工业出版社 2012 年版。

[6] 联合国教科文组织国际教育发展委员会：《学会生存——教育世界的今天和明天》，教育科学出版社 1996 年版。

[7] ［英］阿什比：《科技发达时代的大学教育》，滕大春等译，人民教育出版社 1983 年版。

[8] ［西班牙］奥尔特加·加塞特：《大学的使命》，徐小洲、陈军译，浙江教育出版社 2001 年版。

[9] ［美］唐纳德·肯尼迪：《学术责任》，阎凤桥译，新华出版社 2002 年版。

［10］马林、罗国英：《全面质量管理基本知识》，中国经济出版社2001年版。

［11］［德］沃尔夫冈·布列钦卡：《教育科学的基本概念——分析批判和建议》，胡劲松译，华东师范大学出版社2001年版。

［12］刘广弟：《质量管理学》，清华大学出版社1996年版。

［13］全国质量管理和质量保证标准化技术委员会：《GB/T19000－2008：质量管理体系——基础和术语》，中国标准出版社2008年版。

［14］李正权：《质量心理学概要》，经济科学出版社2012年版。

［15］桑新民：《学习科学与技术信息时代大学生学习能力培养》，高等教育出版社2004年版。

［16］《马克思恩格斯选集》（第3卷），人民出版社1972年版。

［17］《马克思恩格斯选集》（第4卷），人民出版社1995年版。

［18］陈玉琨：《教育评价学》，人民教育出版社1999年版。

［19］徐国庆：《实践导向职业教育课程研究：技术学范式》，上海教育出版社2005年版。

［20］［美］约翰·D.布兰思福特等：《人是如何学习的》，程可拉等译，华东师范大学出版社2002年版。

［21］王策三：《教学认识论》，北京师范大学出版社2002年版。

［22］伍棠棣等：《心理学》，人民教育出版社1982年版。

［23］［美］霍华德·加德纳：《多元智能》，沈致隆译，新华出版社2003年版。

［24］沈德立：《非智力因素与人才培养》，教育科学出版社1992年版。

［25］［美］普莱斯顿、罗伯特：《教学方法——应用认知科学，促进学生学习》，王锦、曹军、徐彬译，华东师范大学出版社2006年版。

[26]《中国职业技术教育学会 2006 年学术年会论文集》，高等教育出版社 2006 年版。

[27]［美］厄内斯特·博耶:《大学：美国大学生的就读经验》，徐芃、李长兰等译，北京师范大学出版社 1993 年版。

[28] 严仲清:《论非直接教学因素》，复旦大学出版社 2008 年版。

[29]［美］朱兰·M. 约瑟夫、戈弗雷·A. 布兰顿:《朱兰质量手册》，焦叔斌译，中国人民大学出版社 2003 年版。

[30]［美］古贝、林肯:《第四代评估》，秦霖、蒋燕玲译，中国人民大学出版社 2008 年版。

[31]［美］博格:《高等教育中的质量与问责》，毛亚庆译，北京师范大学出版社 2008 年版。

[32] 瞿葆奎:《教育评价》，人民教育出版社 1989 年版。

[33]［美］特里林、菲德尔:《21 世纪技能》，洪友译，天津社会科学院出版社 2011 年版。

[34]［美］安德森 L. W.、索斯尼克 L. A.:《布卢姆教育目标分类学——40 年的回顾》，谭晓玉、袁文辉译，华东师范大学出版社 1998 年版。

[35]［英］怀特海:《过程与实在》，杨富斌译，中国城市出版社 2003 年版。

[36] 冯平:《评价论》，东方出版社 1995 年版。

[37] 白永红:《中国职业教育》，人民出版社 2011 年版。

[38] 蔡敏:《当代学生课业评价》，上海教育出版社 2006 年版。

[39] 倪惊襄:《伦理学导论》，武汉大学出版社 2002 年版。

[40] 潘慧玲:《教育评鉴的回顾与展望》，台北：心理出版社 2005 年版。

[41]［美］J. P. 蒂洛:《伦理学：理论与实践》，孟庆时、程立显、刘建等译，北京大学出版社 1985 年版。

[42] ［美］阿巴斯·塔沙克里、查尔斯·特德莱：《混合方法论：定性方法和定量方法的结合》，唐海华译，重庆大学出版社2010年版。

[43] ［美］泰勒：《变化中教育评价概念》，汪世清译，安徽教育出版社1989年版。

期刊

[1] 刘小强、蒋喜锋：《学生学习视野中的高校教学质量建设研究》，《教育研究》2012年第7期。

[2] 张晓鹏：《新一轮本科教学评估总体框架的若干探讨》，《中国高等教育评估》2008年第2期。

[3] 张晓鹏：《中国教育仍要进行哥白尼式的革命》，《上海教育》2009年第8期。

[4] 黄海涛：《美国高等教育中的"学生学习成果评估"：内涵与特征》，《高等教育研究》2010年第7期。

[5] 黄海涛：《美国高校"学生学习成果评估"的特点与启示》，《教育研究》2013年第4期。

[6] 黄海涛：《美国"学生学习成果"研究探析》，《清华大学教育研究》2011年第2期。

[7] 黄海涛：《美国高校"学生学习成果评估"的历史演进》，《外国教育研究》2013年第7期。

[8] 罗晓燕、陈洁瑜：《以学生学习为中心的高等教育质量评估——美国NSSE"全国学生学习投入调查"解析》，《比较教育研究》2007年第10期。

[9] 吴康宁：《教育研究应研究什么样的"问题"——兼谈"真"问题的判断标准》，《教育研究》2002年第11期。

[10] 周海涛：《世界高等教育质量评估发展背景、模式和趋势》，《教育研究》2008年第10期。

[11] 孙超：《对美国大学生学习产出研究的反思》，《高教发展与评估》2009 年第 6 期。

[12] 白华：《学习效果评估：美国高等教育评估发展的趋向》，《河北师范大学学报》（教育科学版）2012 年第 3 期。

[13] 徐波：《高校学生投入理论：内涵、特点及应用》，《高等教育研究》2013 年第 6 期。

[14] 岳小力：《基于学生参与经验问卷调查的高等教育评价新途径》，硕士学位论文，复旦大学，2009 年。

[15] 王纾：《研究型大学学生学习性投入对学习收获的影响机制研究——基于 2009 年"中国大学生学情调查"的数据分析》，《清华大学教育研究》2011 年第 4 期。

[16] 周作宇、周廷勇：《大学生就读经验：评价高等教育质量的一个新视角》，《大学·研究与评价》2007 年第 4 期。

[17] 周廷勇、周作宇：《关于大学师生交往状况的实证研究》，《高等教育研究》2005 年第 3 期。

[18] 周廷勇、张歇雨：《美国大学生学习成果标准化测评工具的分析研究》，《中国高等教育学会教育评估分会 2013 年学术年会论文集》，2013 年。

[19] 李文静、周志刚：《德国职业学校质量可持续发展 OES 模式研究——以巴登符腾堡州职业学校为例》，《外国教育研究》2014 年第 1 期。

[20] 黄令：《德国职业教育质量保障体系的认识和启示》，《宁波广播电视大学学报》2012 年第 2 期。

[21] 孔企平：《"学生投入"的概念内涵与结构》，《外国教育资料》2000 年第 2 期。

[22] 罗燕、[美] 海蒂·罗斯、岑逾豪：《国际比较视野中的高等教育测量——NSSE - China 工具的开发：文化适应与信度、

效度报告》，《复旦教育论坛》2009 年第 5 期。

[23] 罗燕、史静寰、涂冬波：《清华大学本科教育学情调查报告 2009——与美国顶尖研究型大学的比较》，《清华大学教育研究》2009 年第 5 期。

[24] 史静寰、涂冬波、王纾等：《基于学习过程的本科教育学情调查报告 2009》，《清华大学教育研究》2011 年第 4 期。

[25] 史静寰、文雯：《清华大学本科教育学情调查报告 2010》，《清华大学教育研究》2012 年第 1 期。

[26] 赵琳、史静寰、王鹏等：《高等教育质量的院校类型及区域差异分析——兼论我国高等教育资源配置格局与质量格局》，《清华大学教育研究》2012 年第 5 期。

[27] [美] 海蒂·罗斯、罗燕、岑逾豪：《清华大学和美国大学在学习过程指标上的比较：一种高等教育质量观》，《清华大学教育研究》2008 年第 2 期。

[28] 张德启、汪霞：《对普通高校本科教学工作水平评估方案改进的商榷——基于与美国 NSSE 比较的视角》，《高等理科教育》2008 年第 5 期。

[29] 张文毅、李汉邦：《NSSE 对我国本科教学工作评估的启示》，《中国高教研究》2009 年第 10 期。

[30] 于海：《上海大学生发展研究（2002—2003）》，《复旦教育论坛》2003 年第 2 期。

[31] 于海、钟晓华：《2006—2007 年上海大学生发展报告综述》，《复旦教育论坛》2008 年第 1 期。

[32] 于海：《2004—2005 年上海大学生发展报告》，《复旦教育论坛》2006 年第 2 期。

[33] 谭秀森、刘昕：《大学生就读环境研究》，《教育发展研究》2008 年第 20 期。

参考文献

[34] 黄琼萃：《大学生就读经验调查》，硕士学位论文，上海师范大学，2011年。

[35] 吴素梅、宋彩萍：《关于高校学生学习性投入状况的调查研究——以上海W大学为例》，《教育理论与实践》2010年第7期。

[36] 钟春玲、陈华、陈兴明：《大学生学习性投入调查研究》，《高等理科教育》2010年第6期。

[37] 陈宇、陈冬松：《新视角下地方本科院校的高等教育评价——吉林化工学院2009年学情调查报告》，《吉林化工学院学报》2011年第2期。

[38] 赵川平：《质量标准：提高学习质量的立足点》，《黑龙江高教研究》2005年第10期。

[39] 黄良英：《学生学习质量督导的内容及方式》，《教育评论》2006年第6期。

[40] 叶信治：《大学生学习质量保障：学生权利和责任的视角》，《复旦教育论坛》2008年第6期。

[41] 余仙菊：《大学生学习质量影响因素及对策研究》，《中国高等医学教育》2007年第7期。

[42] 张云柏：《高校学生学习质量评价中存在的问题及对策研究》，《哈尔滨学院学报》2008年第9期。

[43] 时憧宇：《高职学生学习质量评价模式的初步探索与实践》，《中州大学学报》2008年第2期。

[44] 王红艳、杨育宏：《高职院校学生学习质量"多元化"评价体系的构建与实践》，《教育与职业》2010年第15期。

[45] 叶宁、张莉娟：《宁夏高职院校学生学习质量评价的现状分析》，《延安职业技术学院学报》2010年第5期。

[46] 潘淑娟：《关于提高高职学生学习质量的看法》，《职教论坛》

2009 年第 11 期。

[47] 肖艳双：《高职生学习投入状况及对策研究》，《职教论坛》2012 年第 30 期。

[48] 潘莉娟、乔炳臣：《关于"教学生学会学习"的几个理论问题》，《教育研究》1996 年第 6 期。

[49] 高文：《建构主义学习的特征》，《外国教育资料》1999 年第 1 期。

[50] 山颖：《工作过程系统化学习领域课程中学习情境的设计》，《职教论坛》2008 年第 16 期。

[51] 壮国桢：《高职教育"行动导向"教学体系研究》，博士学位论文，华东师范大学，2007 年。

[52] [瑞典] 托斯坦·胡森：《论教育质量》，施良方译，《华东师范大学学报》（教育科学版）1987 年第 3 期。

[53] 朱益明：《教育质量的概念分析》，《比较教育研究》1996 年第 5 期。

[54] 王军红：《职业教育质量生成及其机制研究》，博士学位论文，天津大学，2013 年。

[55] 徐皓：《质量，还需再与你评说》，《中国远程教育》2014 年第 2 期。

[56] 程凤春：《教育质量特性的表现形式和内容》，《教育研究》2005 年第 2 期。

[57] 杨金土等：《论高等职业教育的基本特征》，《教育研究》1999 年第 4 期。

[58] 王雪凌：《教学：一种特殊的实践——认识复合活动》，《高校理论战线》2005 年第 9 期。

[59] 赵东升：《多元智力理论对高职教育的启示》，《职教论坛》2006 年第 20 期。

[60] 朱前永：《高职学生智力个性发展探析》，《教育与职业》2005年第27期。

[61] 燕国材：《关于非智力因素的几个问题》，《上海师范大学学报》（哲学社会科学版）1988年第4期。

[62] 洪德厚等：《〈中国少年非智力个性心理特征问卷〉（CA-NPI）（1988年版）的编制与使用》，《心理科学通讯》1989年第2期。

[63] 肖川：《从建构主义学习观论学生的主体性发展》，《教育研究与实验》1998年第4期。

[64] 姜大源：《论行动体系及其特征——关于职业教育课程体系的思考》，《教育发展研究》2002年第12期。

[65] 姜大源：《学科体系的解构与行动体系的重构》，《教育研究》2005年第8期。

[66] 姜大源：《职业教育：情景与情境辨》，《中国职业技术教育》2008年第1期。

[67] 李妍：《乔纳森建构主义学习环境设计研究》，博士学位论文，华东师范大学，2007年。

[68] 刘小强、何齐宗：《跨越师生教学的观念鸿沟：走向微观深层的高校教学质量建设》，《高等教育研究》2012年第9期。

[69] 韦进：《高等职业教育内涵及其社会化》，《湖州职业技术学院学报》2003年第4期。

[70] 赵和兴：《论学校人文环境》，《赣州师院学报》1997年第3期。

[71] 王军红、周志刚：《论职业教育质量的内涵及表达》，《天津大学学报》（社会科学版）2013年第5版。

[72] 杨彩菊、周志刚：《第四代评价理论对高等职业教育评价的启迪与思考》，《中国职业技术教育》2012年第30期。

［73］张民选：《回应、协商与共同建构》，《外国教育资料》1995年第3期。

［74］杨彩菊、周志刚：《西方教育评价思想嬗变历程分析》，《国家教育行政学院学报》2013年第5期。

［75］肖远军：《CIPP教育评价模式探析》，《教育科学》2003年第3期。

［76］刘志军：《对国外教育评价模式的价值取向评析》，《教育理论与实践》1993年第4期。

［77］高凌飚：《关于过程性评价的思考》，《课程教材教法》2004年第10期。

［78］闫宁：《高等职业教育学生学业评价研究》，博士学位论文，陕西师范大学，2012年。

［79］赖金良：《人道价值的概念及其意义》，《天津社会科学》1997年第3期。

［80］马国湘：《发挥行业组织在职业教育发展中的作用》，《教育与职业》2010年第13期。

［81］王本陆：《教育伦理建设：教育现代化的跨世纪课题》，《中国教育学刊》1999年第2期。

［82］阎光才：《教育评价的正当性与批判性评价》，《北京师范大学学报》（社会科学版）2003年第2期。

［83］吴小强：《大学教育评估信息传播的伦理思考》，《广州大学学报》（社会科学版）2007年第11期。

［84］刘志军：《关于教育评价方法论的思考》，《教育研究》1997年第11期。

［85］张华：《论"服务学习"》，《教育发展研究》2007年第5A期。

［86］［美］威廉姆·耐特、刘智勇：《院校研究与质量保证——以美国高等教育为例》，《高等教育研究》2008年第8期。

［87］鲁昕:《找准问题,理清思路,推动中等职业教育发展进入新阶段》,教育部（http://www.moe.gov.cn/publicfiles/business/htmlfiles/moe/moe_2930/200912/55434.html）。

［88］邱于真、蒋丙煌:《如何推动学生学习成效评量:以台湾大学为例》,台湾大学教学资源网（http://ctld.ntu.edu.tw/fd/teaching_resource/page1-1_detail.php?gid=38&nid=264）。

二 外文类
专著

[1] Astin A. W., *Achieving Educational Excellence: A Critical Assessment of Priority and Practices in Higher Education*, SanFrancisco: Jossey-Bass. Publishers, 1985.

[2] Cronbach L. J. and Suppes P., *Research for Tomorrow's Schools: Disciplined Inquiry for Education*, New York: Macmillan, 1969.

[3] Eisner E. W., *The Educational Imagination*, New York: Macmillan, 1979.

[4] Alexander W. Astin., *Achieving Educational Excellence: A Critical Assessment of Priorities and Practices in Higher Education*, New York: John Wiley & Sons, 1985.

[5] Alexander W. Astin, *Assessment for Excellence: The Philosophy and Practice of Assessment and Evaluation in Higher Education*, 2nd edition Washington D. C.: Rowman & Littlefield Publishers, 2012.

[6] John Burke, *Competency Based Education and Training*, London: Routledge, 2005.

[7] Diana Green, *What is Quality in Higher Education?* London: Society for Research into Higher Education & Open University Press,

1994.

[8] Bowen H. R. , *Investment in Learning：The Individual and Social Value of American Higher Education*, New Jersey：Transaction Publishers, 1977.

[9] Peggy L. Maki, *Assessing for Learning：Building a Sustainable Commitment Across the Institution*, Virginia：Stylus Publishing, LLC. 2012.

[10] Barbara E. W. , *Assessment Clear and Simple：A Practical Guide for Institutions, Departments, and General Education*, New York：John Wiley & Sons, 2010.

[11] Eggen P. D. , and Kauchak D. P. , *Educational Psychology：Classroom Connections 2 edition*, New York：Macmillan Publishing Company, 1994.

[12] Barbara E. Walvoord, *Assessment Clear and Simple：A Practical Guide for Institutions, Departments, and General Education*, New York：John Wiley & Sons, 2010.

互联网资料

[1] Janet Fulks. Assessing Student Learning in Higher Education. （2009 - 9 - 28）［2013 - 12 - 25］. http：//www2. bakersfieldcollege. edu/courseassessment/Section_3_SLOs/Section3_1. htm.

[2] The 2013 Handbook and WASCAccreditation［EB/OL］. （2012 - 12 - 01）［2013 - 12 - 20］. http：//www. wascsenior. org/resources/handbook - accreditation - 2013/part - i - 2013 - handbook - and - wasc - accreditation.

[3] Characteristics of Excellence in Higher Education Eligibility Requirements and Standards for Accreditation. （2002 - 2 - 10）

［2013 - 12 - 10］. https：//files. eric. ed. gov/fulltext/ED466721. pdf.

［4］ Standards for Accreditation Commission on Institutions of Higher Education New England Association of Schools and Colleges. （2011 - 7 - 01）［2013 - 12 - 10］. http：//cihe. neasc. org/downloads/Standards/Standards_ for_ Accreditation. pdf.

［5］ Standards for Accreditation Northwest Commission on Colleges and Universities. （2002 - 2 - 10）［2013 - 12 - 10］. http：//www. nwccu. org/Pubs% 20Forms% 20and% 20Updates/Publications/Standards% 20for% 20Accreditation. pdf.

［6］ Criteria for Accreditation of Higher Learning Commission of North Central Association of Colleges and Schools. ［2013 - 12 - 10］. http：//policy. ncahlc. org/Policies/criteria - for - accreditation. html.

［7］ The Principles of Accreditation：Foundations for Quality Enhancement. （2011 - 11 - 10）［2013 - 12 - 10］. http：//www. sacscoc. org/pdf/2012PrinciplesOfAcreditation. pdf.

［8］ George D. Kuh, Stanley Ikenberry. More Than You Think, Less Than We Need：Learning Outcomes Assessment in American Higher Education. （2009 - 10 - 10）［2013 - 07 - 20］. http：//www. learningoutcomeassessment. org/documents/fullreportrevised - L. pdf.

［9］ Measuring Quality in Higher Education：an Inventory of Instruments tools and Resources. ［2013 - 12 - 10］. http：//apps. airweb. org/surveys/.

［10］ National Survey of Student Engagement. ［2013 - 12 - 03］. http：//nsse. iub. edu/html/about. cfm.

[11] Australian Council for Educational Research&Australasian Survey of Student Engagement [EB/OL]. [2009-4-10] http://www-acer.edu.au/ausse/.

[12] Statement Of Mutual Responsibilities for Student Learning Outcomes: Accreditation, Institutions, and Programs [EB/OL]. (2003-09-01) [2013-09-30]. http://www.chea.org/pdf/StmntStudentLearningOutcomes9-03.pdf.

[13] Charlene Nunley, Trudy Bers, and Terri Manning. Learning Outcomes Assessment in Community Colleges [EB/OL]. (2011-07-01) [2013-09-30]. http://www.learningoutcomeassessment.org/documents/communitycollege.pdf.

[14] Ewell, P., Applying Student Learning Outcomes Concepts and Approaches at Hong Kong Higher Education Institutions: Current Status and Future Directions [EB/OL]. (2005-06-01) [2013-11-10]. http://www.hkied.edu.hk/obl/files/OBA_2nd_report.pdf.

[15] Right to Education Project. Learning Outcomes Assessments: A Human Rights Perspective [EB/OL]. (2013-02-01) [2013-11-20]. http://www.right-to-education.org/sites/right-to-education.org/files/resource-attachments/RTE_Learning_Outcomes_Assessments_HR_perspective_2013.pdf.

[16] Maeroff, G., Beyond the Rankings: Measuring Learning in Higher Education: an Overview for Journalist and Educator [EB/OL]. (2006-06-01) [2013-10-01]. http://hechinger.tc.columbia.edu/primers/TeaglePrimer_092106.pdf.

[17] George D. Kuh, Natasha Jankowski. Knowing What Students Know and Can Do: the Current State of Student Learning Outcomes As-

sessment in U. S. Colleges and Universities. (2014 - 01 - 10) [2014 - 02 - 01]. http://www.learningoutcomeassessment.org/documents/2013%20Survey%20Report%20Final.pdf.

[18] Middle States Commission on Higher Education. Assessing student learning and institutional effectiveness: Understanding Middle States expectations. [EB/OL]. [2013 - 12 - 20]. http://www.msche.org/publications/Assessment_ Expectations 051222081842.pdf.

[19] Middle States Commission on Higher Education. Assessing student learning and institutional effectiveness: Understanding Middle States expectations. [EB/OL]. [2013 - 12 - 20]. http://www.msche.org/publications/Assessment_ Expectations 051222081842.pdf.

[20] Alexander W. Astin, Trudy W. BantaNine. et. Nine Principles of Good Practice for Assessing Student Learning. [EB/OL]. [2013 - 11 - 20]. http://www.learningoutcomeassessment.org/PrinciplesofAssessment.html.

[21] Johnson County Commulity College [EB/OL]. [2013 - 11 - 12]. http://www.jccc.edu/about/vision-mission-values.html.

[22] George D. Kuh, Natasha Jankowski. Knowing What Students Know and Can Do: the Current State of Student Learning Outcomes Assessment in U. S. Colleges and Universities [EB/OL]. (2014 - 01 - 10) [2014 - 02 - 01]. http://www.learningoutcomeassessment.org/documents/2013%20Survey%20Report%20Final.pdf.

[23] HigherEducationAssociations. Principles for Effective Assessment

of Student Achievement［EB/OL］. (2013 – 07)［2013 – 10 – 01］. http：//www. learningoutcomeassessment. org/documents/EndorsedAssessmentPrinciples_ SUP. pdf.

［24］George D. Kuh, Natasha Jankowski. Knowing What Students Know and Can Do：the Current State of Student Learning Outcomes Assessment in U. S. Colleges and Universities［EB/OL］. (2014 – 01 – 10)［2014 – 02 – 01］. http：//www. learningoutcomeassessment. org/documents/2013% 20Survey% 20Report% 20Final. pdf.

［25］George D. Kuh, Natasha Jankowski. Knowing What Students Know and Can Do：the Current State of Student Learning Outcomes Assessment in U. S. Colleges and Universities［EB/OL］. (2014 – 01 – 10)［2014 – 02 – 01］. http：//www. learningoutcomeassessment. org/documents/2013% 20Survey% 20Report% 20Final. pdf.

期刊

［1］Astin A. W. ,"Student involvement：A developmental theory for higher education", *Journal of college student personnel*, Vol. 25, No. 4, 1984.

［2］George D. Kuh, "What Student Affairs Professionals Need to Know About Student Engagement", *Journal of College Student Development*, Vol. 50, No. 6, 2009.

［3］Saundra, *Examining Student Engagement of African American Comumunity College Students：Focusing on the CCSSE Benchmarks*, Morgan State University, 2010.

［4］Chickering A. W. and Gamson Z F. , "Seven Principles for Good Practice in Undergraduate Education", *AAHE Bulletin*, No. 3,

1987.

[5] Kuh G. D. , "The National Survey of Student Engagement: Conceptual and Empirical Foundations", *New Directions for Institutional Research*, No. 141, 2009.

[6] P. John Williams. , "Design: The Only Methodology of Technology?", *Journal of Technology Education*, Vol. 11, No. 2, 2000.

[7] Jonassen D. H. , "Instructional Design Models for Well-structured and Ill-structured Problem Solving Learning Outcomes", *Eductional Technology: Research and Development*, Vol. 45, No. 1, 1997.

[8] Stufflebeam D. L. , "The CIPP Model for Evaluation", *International Handbook of Educational Evaluation.* , Springer Netherlands, 2003.

[9] Thomas A. Angelo. , "Doing Assessment As If Learning Matters Most", *AAHE Bulletin*, No. 7, 1999.

[10] Garcia Pedro, "Experimenting Institutional Evaluation in Spain", *Higher Educaiton Management*, No. 7, 1995.

[11] Andrich D. , "A Framework Relating Outcomes Based Education and the Taxonomy of Educational Objectives", *Studies in Educational Evaluation*, No. 28, 2002.

[12] Adam S. , "An introduction to learning outcomes", *Introducing Bologna objectives and tools*, No. 2, 2006.

[13] Silverberg M. , Warner E. , Fong M. , et al. , National Assessment of Vocational Education Final Report to Congress. US Department of Education, 2004: 31-32.

[14] Mentkowski M. , Doherty A. , Careering After College: Establishing the Validity of Abilities Learned in College for Later Careering

and Professional Performance. Final Report to the National Institute of Education. Overview and Summary. [Revised] . 1984: 13 – 14.

[15] Otter, S., Learning Outcomes in Higher Education: A Development Project Report. Unit for the Development of Adult Continuing Education, 1992: 11.

[16] Korwin A. R., Jones R. E., "Do Hands-On, Technology – Based Activities Enhance Learning by Reinforcing Cognitive Knowledge and Retention?", *Journal of Technology Education*, Vol. 1, No. 2, 1990.

[17] Barab S. A., Duffy T., "From Practice Fields to Communities of Practice", *Theoretical Foundations of Learning Environments*, Vol. 1, No. 1, 2000.

[18] Cherryholmes, C. H., "Notes on Pragmatism and Scientific Realism", *Educational Researcher*, Vol. 21, No. 6, 1992.

[19] Nusche D., "Assessment of Learning Outcomes in Higher Education: A Comparative Review of Selected Practices", OECD Education Working Papers, Vol. 8, No. 15, 2008.

[20] Volkwein J. F., "Implementing Outcomes Assessment on Your Campus", Research and Planning E, 2003.

[21] Stufflebeam D. L., The "CIPP Model for Program Evaluation", In: Evaluation Models. Evaluation in Education and Human Services, Vol. 6, Springer, Dordrecht.

后　记

　　敲下后记两个字的时候，心中泛起阵阵波澜。往事一幕幕浮现在脑海里，顿时觉得爱盈于心，情满于怀，即使再华丽的文字也难以表达我的感恩之心。

　　本书是在博士学位论文的基础上完成的，得到了我的博士研究生导师周志刚教授的指导，在此向周老师表示衷心的感谢。

　　本书的第二作者杜昌建博士在书稿的修改与完善过程中做了大量工作，其中第一章和第三章由其最终执笔完成，在此表示谢意。

　　本书的出版获得新乡学院博士科研启动项目的资助，感谢单位的支持。

　　本书的顺利出版，得到了中国社会科学出版社的大力支持，在此表示诚挚的谢意。

　　感谢书中所有参考文献的各位学者！感谢研究过程中帮助过我的人！感谢我年迈的父母帮我照看女儿，也感谢我女儿的乖巧使我放心修订书稿，感谢我先生的督促和鼓励。

杨彩菊

2018 年 6 月于河南新乡